La collection de poche des éditions

Notre quelque part

Romancier, poète du *spoken word* nourri de jazz et de blues, Nii Ayikwei Parkes est né en 1974. Il partage sa vie entre Londres et Accra.

Notre quelque part, unanimement salué par la presse et finaliste du Commonwealth Prize, a été élu Meilleur premier roman étranger de la sélection *Lire* 2014. Porté à merveille par une traduction qui mêle langage courant et langue populaire d'Afrique de l'Ouest, il s'est également vu décerner les plus grands prix de sa catégorie.

« Cet emballant métissage repose sur un mélange, ô combien réussi, des codes du roman de genre mondialisé avec ceux du conte oral africain. »

Lire

« Jonglant avec les codes du polar à l'anglo-saxonne et du conte traditionnel, le romancier poète confronte remarquablement les cultures. »

L'Express

« Nii Ayikwei Parkes fait mouche, brossant des personnages truculents, tissant une enquête tourbillonnante entre deux mondes, à la frontière d'une société fracturée. »

Marianne

PRIX MAHOGANY DU ROMAN

PRIX LAURE-BATAILLON
DE LA MEILLEURE ŒUVRE TRADUITE

PRIX BAUDELAIRE DE LA TRADUCTION

NII AYIKWEI PARKES

NOTRE QUELQUE PART

Un roman ghanéen
traduit par Sika Fakambi

ÉDITIONS ZULMA
Paris • Veules-les-Roses

Titre original :
Tail of the Blue Bird

Couverture : David Pearson.

Si vous désirez en savoir davantage
sur Zulma ou sur *Notre quelque part*
n'hésitez pas à consulter notre site.
www.zulma.fr

Z

À ma mère, Mary Na Akuyea Parkes,
qui m'a ouvert à la rêverie. À Christopher Wells,
qui le temps d'un après-midi m'a enseigné l'art
de la patience et de la négociation. Et à la mémoire de
mon père, Jerry, grâce à qui j'ai appris à me lever tôt.

« Sur ce monceau de fumier nous chercherons
parmi les décombres notre talisman d'espoir »

Cette terre, mon frère
Kofi Awoonor

KWASIDA – NKYI KWASI

Les oiseaux n'ont jamais cessé de chanter. Si tu regardes bien, tu vas voir que quoi qu'il se passe les oiseaux vont chanter leur chanson. Au temps de mon grand-père, la forêt était dense dense, et beaucoup plus haute ; nous n'avions pas besoin d'aller loin pour tuer un phacochère. Ah, leurs pistes commençaient aux abords du village et le goût de leur viande dans notre bouche était comme l'eau, tellement nous en mangions. Je me souviens. Maintenant ils se sont enfoncés loin loin, les phacochères. Mais toutes les choses sont entre les grandes mains d'Onyame. Et seul Onyame, celui qui brille, sait pourquoi les crottes des chèvres sont si belles à voir. On ne se plaint pas.

Quand je pars en forêt, je vois que le monde est plein d'étonnements. Les oiseaux sont tout couleurs couleurs. Rouge. Bleu de la mer. Jaune. Certains comme les feuilles. D'autres blancs comme le blanc du coton nouveau. Est-ce qu'il y a une seule créature qu'on ne trouve pas là-bas ? Le plus petit gibier que j'ai rapporté à la maison est l'adanko. (Les ndanko ne sont pas difficiles à attraper. Même quand ils se cachent, on va toujours voir leurs grandes oreilles dépasser. Si je les avais créés, j'aurais mis des yeux sur leurs oreilles en pointe, pour les protéger. Mais alors, j'aurais eu trop de mal à les capturer. Et peut-être la faim serait en train de me consumer. Ah, adanko. Tu cours vite, mais j'ai beaucoup de pièges. Ainsi vit le chasseur.)

Alors on ne se plaint pas. Il fait bon vivre au village. La concession de notre chef n'est pas loin et nous pouvons lui demander audience pour toutes sortes d'affaires. Il n'y a que douze familles dans le village, et nous n'avons pas d'embêtements. Sauf avec Kofi Atta. Lui, c'est mon parent, mais avant même que j'aie su nouer mon pagne tout seul ma mère m'avait déjà averti qu'il nous apporterait de lourds ennuis. Je me souviens ; la nuit d'avant, mon père avait rapporté otwe, la viande d'*antilope,* et ma mère était en train de cuisiner une sauce abenkwan.

Yao Poku, m'a-t-elle dit, quand tu joues avec ton parent Kofi, regarde bien ooo.

Yooo.

Yao Poku ! (Ma mère me disait toujours les choses deux fois.) J'ai dit, regarde bien quand tu joues avec Kofi Atta. Est-ce que tu m'as entendue ?

Yooo.

Elle a pris ma main, et dans le creux elle a versé un peu de sauce chaude, pour que je goûte. Après un peu, elle a dit, Tu sais que la femme qui a aidé sa mère a perdu son cordon ombilical, non ? Et elle a secoué sa tête. La chose n'est pas enterrée. Un de ces jours, le garçon là va nous apporter des embêtements.

Alors, peut-être que je ne devrais pas être surpris,

mais j'ai oublié. On ne pense pas à ces choses. C'est comme la lumière. Le jour, il y a toujours de la lumière et on n'y pense pas, mais moi, Yao Poku, je suis un chasseur, alors la lumière me surprend. Ce que je connais bien, c'est l'obscurité de la forêt, et si la lumière tombe sur moi quand je marche là-bas c'est comme une incision de couteau. Quand je pars en forêt les bruits là-bas sont plus éclatants que la lumière, alors oui c'est la lumière qui me surprend. Voilà comment j'ai été surpris alors même que ma mère m'avait averti de bien regarder – *fais attention.*

Nous étions à notre quelque part quand ils sont arrivés. D'abord la fille avec ses yeux qui ne voulaient pas rester en place. Hmm, puisque tu es là, laisse-moi te raconter. Les ancêtres disent que la vérité est courte mais, sɛbi, si l'histoire est mauvaise, alors même la vérité va s'étaler comme un crapaud écrasé par une voiture sur une de ces routes qu'ils sont en train de construire. Moi, celui qui se tapit au sol, celui qui guette, moi, Yao Poku, qui ai parcouru toutes les forêts de Atewa à Kade, qui ai vu tous les cobs, tous les phacochères, tous les cobras et les léopards qui font tourner cette terre qui nous porte, moi, Yao Poku, j'ai été surpris. Mais laisse-moi te raconter cette histoire avant qu'elle ne refroidisse. C'est mon grand-père Opoku, celui dont les mains n'étaient jamais vides, qui m'a appris que ce que l'homme blanc anglais nomme *Histoire,* c'est avant tout des mensonges écrits à l'encre fine. Mon histoire n'en est pas. Il est dit que le malicieux tisserand des toiles du monde, Ananse, ne faisait pas commerce de parole, alors moi je vais parler. Je vais te raconter cette histoire.

C'était kwasida, nkyi kwasi – *une semaine* avant kuru kwasi, le temps où il devient tabou, sɛbi, de parler de la mort et des funérailles. Nawɔtwe avant qu'on n'aille verser les libations pour ceux qui sont passés de l'autre côté. Je suis sûr et certain du jour, mais si tu crois que je suis en train de te mentir, toi-même tu n'as qu'à consulter les Bono, qui pendant des siècles ont veillé sur les jours des Asantehene.

Nous étions à notre quelque part quand elle est arrivée. Celle dont les yeux ne voulaient pas rester en place. Moi-même je revenais de la case du malafoutier. (La femme qui nous vend habituellement le vin de palme n'ouvre pas sa boutique le jour de kwasida. Pendant six ans, elle est partie vivre à la grande ville, Accra, et depuis son retour elle refuse de travailler le *dimanche*. Avant son départ pour la ville, elle vendait des tomates au bord de la route, mais c'est une autre histoire.) Donc, le malafoutier m'avait donné une grande calebasse de sa *cuvée spéciale*, et j'étais en chemin pour retourner dans ma case quand j'ai entendu la fille crier comme un agouti dans un piège. Je ne fais pas n'importe quoi avec mon vin de palme, jamais jamais, alors je suis d'abord allé déposer la calebasse dans un coin de ma case, et puis je me suis assis sous l'arbre tweneboa sur la place du village.

Elle portait une façon de jupe petit petit là. Et ça montrait toutes ses cuisses, sɛbi, mais les jambes de la fille étaient comme les pattes de devant de l'enfant de l'*antilope* – maaaigre seulement ! (C'est plus tard que j'ai appris qu'elle était la chérie d'un certain *ministre*. Hmm. Ce monde est très étonnant.) Son *chauffeur* portait *kaki* de haut en bas comme les colons d'en temps d'avant, et il voulait la calmer, mais la fille secouait sa tête et elle criait seulement. Après un peu, elle a repris force et elle a commencé à courir vers une voiture claire façon qui était au bord de la route. Et le *chauffeur* pourchassait son derrière comme la poussière.

Quand j'ai demandé aux enfants, Oforiwaa, Kusi et les jumeaux Panyin et Kakra, qui jouaient sur la place du village, ce qui s'était passé, ils ont dit que la Benz crème s'était garée là, et la fille était en train de pourchasser un oiseau à tête bleue (c'est vrai qu'il y a beaucoup de choses belles à voir dans notre village) quand elle a commencé à pincer son nez. Elle a appelé son *chauffeur*, et ensemble ils ont commencé à renifler en l'air comme les chiens font, jusqu'à arriver devant la case de Kofi Atta. Ils ont dit, Agooo, mais personne n'a répondu. Alors le chauffeur a levé le kɛtɛ, et il a gardé ça en l'air, et la fille est entrée dans la case. C'est dans ce moment que la fille a commencé à crier. C'était le matin encore, et son bruit a jeté le silence sur la forêt. Mais ce qui s'est passé après leur départ là, c'est ça qui est vraiment étonnant. Je te dis la vérité. Même l'aigle n'a pas tout vu.

Le soleil était au plus haut, férocement assis au milieu du ciel. Je me reposais sur le bois du palmier tombé par terre près de l'arbre tweneboa, et j'écoutais ma *radio* (ces jours-ci je peux capter la nouvelle station *Sunrise FM* de Koforidua) en buvant un peu de mon vin de palme et en surveillant les enfants qui jouaient non loin – quand ils sont arrivés. La première voiture s'est avancée vers l'arbre à toute allure et s'est arrêtée avec un grand criaillement de pneus, en soulevant le sable comme si c'était de l'enveloppe de grain de riz. Il y avait deux aburuburu dans les arbres. Je te dis seulement, ils se sont envolés vite vite, en faisant ce bruit qui ressemble à de l'eau qui coule dans la gorge et en battant leurs ailes fort, pendant que les autres voitures s'arrêtaient à côté de la première. En tout, cinq voitures sont venues. Des voitures de *police.* Et la première ne ressemblait même pas aux autres voitures de *police* qu'on peut voir quelquefois. Mmm hmm. C'était un engin Pinzgauer, avec une longue *antenne* en haut là. C'est comme ça que j'ai compris que l'affaire était sérieuse. Le Pinzgauer, c'est ça que les militaires utilisent quand ils vont dans la brousse pour faire leurs exercices d'armée ; je les vois toujours quand je vais chasser.

Un gros homme en habit de *civil* est descendu du Pinzgauer. Il portait un grand abomu noir pour tenir son pantalon *jeans,* et il mâchait des arachides.

C'est qui le chef ici ?

Les enfants ont pointé vers le kapokier géant derrière le champ du cultivateur Asare. *Le chef habite dans la concession là-bas.*

Les autres *policemans* étaient déjà descendus de leurs voitures. Tous les *policemans* là – un, un, un jusqu'à neuf, en habit tout noir noir dans notre village dès le jeune matin là ? Celui qui était en habit de *civil* a regardé à droite à gauche, et j'ai vu qu'il regardait aussi derrière l'arbre, vers la bassine sanyaa bleue de ma mère, que j'ai placée au sommet du toit de ma case, après sa mort. Je me souviens qu'elle a transporté son eau dedans jusqu'à ce que le fond se perce de petits trous, et après elle a emporté ça dans son champ pour récolter ses légumes dedans jusqu'à ce qu'il n'y ait plus qu'un seul gros trou. J'ai placé la bassine sur les feuilles séchées de mon toit, pour voir ma case au loin quand je reviens de la forêt. Quand le *policeman* a regardé, j'ai regardé aussi. Et il m'a regardé, et il a pointé vers moi.

Toi là, tu parles anglais ?

Ah. J'ai pensé que l'homme là, ou bien il ne connaît pas le respect, ou bien, sɛbi, parce que j'ai rasé mes cheveux il n'a pas vu mes soixante-quatorze années ? Mâcher des arachides pendant qu'il me parle ! Je n'ai même rien dit. J'ai levé ma calebasse, et j'ai bu un peu du vin de palme de Kwaku Wusu. C'était doux. Kwaku Wusu est le meilleur malafoutier des seize villages de notre chefferie et des douze villages de la chefferie de Nana Afari.

Toi !

Le *policeman* a marché vers moi pendant que les enfants sautillaient autour de lui. Oforiwaa a commencé à chanter la chanson *Papa Police* en frappant dans ses mains. (La petite là ne s'arrête jamais de chanter.) Kusi est resté auprès des huit *policemans* en uniforme, et il touchait leurs pistolets pendant que les *policemans* essayaient de le chasser. Ces *policemans* là, vraiment, ils prennent leurs pistolets avec eux partout, tout le temps. Même moi, moi un chasseur, je laisse mon fusil à la maison le jour de kwasida.

Son nom est Opanyin Poku, ont dit les jumeaux.

Et le *policeman* a dit, Ah. Un *ancien*. Donc il a montré un peu de l'éducation que sa mère lui a donnée, il a vite avalé ses arachides, et il a mis ses mains derrière son dos. *Opanyin Poku, s'il vous plaît, est-ce que vous parlez anglais ?*

J'ai souri, et j'ai fini mon vin de palme. Doucement doucement. Moi-même ici j'ai fait l'enseignement élémentaire pour adultes de Kwame Nkrumah.

Le *policeman* a parlé encore et il a dit, Bon, faut écoute. J'ai pas temps beaucoup beaucoup ici. Jé si là dans mon lamaison de Accra, et on ma pélé téléfône pour dit fille là a véni voir chose ici, et ça sent gâté. Vous connais chose dans histoire là ?

Eï, nos Aînés disent qu'une nouvelle fraîche est aussi agitée qu'un oiseau mais ça là vraiment ! La fille était venue le matin même, et c'était toujours le matin même. Je te dis, l'après-midi n'était pas encore arrivé, et ces *policemans* avaient déjà fait tout le chemin depuis Accra. Comme s'il n'y avait pas de *policemans* à Tafo. J'ai secoué ma tête.

Vous n'a pas vu la fille là ?

Oui oui, *police,* j'ai vu lui. Maaaigre fille comme ça.

Le *policeman* a souri. Mais vous n'a pas senti rien ?

Non, moi-même jé n'a pas senti rien.

A-Ah. Il s'est tourné pour regarder les autres *poli-*

cemans. Vous là, vous sentez quelque chose ?

Oui, sergent, ça pue la viande pourrie.

Merci. Il s'est tourné vers moi encore. Et vous n'a pas senti rien encore ?

Non, Sargie.

Il a secoué sa tête. Bon, par où la fille là a parti ?

Accra.

Non. Quel côté elle a parti ici même ? Son bras s'est levé vers l'arbre tweneboa.

J'ai pointé vers la case de Kofi Atta.

La main du gros *policeman* est descendue pour attraper le bâton noir dans son abomu. *Allons-y.*

Les autres *policemans* ont commencé à marcher derrière lui. Après un peu, il s'est arrêté et il s'est tourné vers moi encore.

Opanyin Poku, pardon, faut véni un peu avec nous ici.

J'ai dit à Kusi de venir ramasser ma calebasse et ma *radio,* d'aller déposer ça à la devanture de ma case et d'aller dire à Mama Aku que je serai de retour après un peu. Et c'est après seulement que je me suis levé pour marcher vers les *policemans.*

Le sargie essayait de chasser les enfants, mais ils continuaient à chanter et refusaient de partir. Il m'a regardé les yeux.

J'ai dit, Les enfants. Cessez, et rentrez à la maison.

Ils ont cessé de suivre les *policemans* pour faire demi-tour direct. Soudain, le sargie a frappé dans ses mains. *Les enfants, est-ce que vous, vous sentez quelque chose ?*

Non, chef sergent. Ils ont commencé à rire et ils sont

partis en courant.

Le sargie a froncé ses sourcils et il m'a regardé les yeux. Opanyin Poku, pouquoi nous tous là on dit ça sent chose gâtée, et vous tous ici vous n'a pas senti rien ?

J'ai ri. Sargie, est-ce que je peux dire quelque chose en langue twi de chez nous ?

Ah, Opanyin, y a pas problème.

Alors écoutez bien ce que je vais dire, Sargie. Sɛbi, notre village là, c'est comme un vagin. Ceux qui sont dedans n'ont pas de problème ; ceux qui sont dehors trouvent que ça sent.

La devanture de la case de Kofi Atta était en désordre. Il y avait un tas de bidie près de son foyer de cuisine, et un canari à eau brisé près de la porte. L'obsidienne du canari traînait sous le kɛtɛ comme l'œil perdu d'une chauve-souris géante. Le sargie et les autres *policemans* se pinçaient le nez et se regardaient les yeux. Je voyais bien qu'ils avaient peur. Sargie a pointé vers le kɛtɛ et un grand *policeman* teint clair l'a levé. Je suis entré dedans, et après moi tous les *policemans* – un, un, un jusqu'à neuf sont entrés aussi. Personne n'a pensé à lever le kɛtɛ en l'air pour laisser le soleil venir dans la case. Moi-même, ça ne me faisait rien. C'était sombre, mais je voyais clair. Il y avait un trou dans les feuilles séchées sur le toit de Kofi Atta, alors un peu de soleil pouvait quand même se glisser à travers comme au fond de la forêt profonde. J'ai senti l'odeur du vieux vin de palme. (Kofi Atta aime vieillir son vin jusqu'à ce qu'il devienne très amer et fort.) Il y avait quelque chose sur le kɛtɛ de Kofi Atta, et la chose là avait à peu près la taille d'un petit otwe qui vient de naître.

Kaï, a crié le sargie, *ça pue, ici !* Il a sorti une *lampe électrique* de son abomu, et il a allumé ça.

Et là, tous les *policemans* ont commencé à crier. Oh Awurade ! Eï Jésus ! Asɛm bɛn ni ! Ce qui en temps normal m'aurait fait beaucoup rire, parce que un peu avant ils étaient tous là en train de parler grand anglais, mais c'est vrai que la chose que nous tous on voyait là... ce n'est pas une chose qu'on peut voir chaque jour. Même moi, Yao Poku. Et quand la peur t'attrape comme ça, ce qu'elle va chercher en dedans, c'est ton premier cri, la langue de ta mère.

La chose qui était sur le kɛtɛ de Kofi Atta là, ça tremblait. C'était noir et ça brillait, mais quand le grand *policeman* teint clair s'est approché, j'ai vu que c'était wansima. Wansima apem apem, *par milliers.* Les wansima se sont envolées, et la case s'est remplie de leur bruit d'ailes. J'ai couru me coller contre le mur, mais elles ont entouré les *policemans*, et ils tapaient leurs pieds par terre pour essayer de les chasser. Je me suis tourné et j'ai enlevé le pagne qui fermait la fenêtre de Kofi Atta, et les wansima sont parties, sauf une ou deux qui sont restées à voler ici ici. Le soleil est entré dans la case, et tout le monde a vu ce qui était sur le kɛtɛ. La chose là, sɛbi, c'était comme un adanko sans la peau, mais ça n'avait pas d'os dedans, et c'était rouge rouge, comme les indispositions d'une femme à chaque lune.

C'est un bébé mort, a dit le grand *policeman* teint clair.

Sargie a secoué sa tête.

Un autre *policeman,* noir, mais pas noir noir, et qui avait un trou dans ses dents, a dit, *Ça là, c'est pas naturel.*

Sargie a fait un pas en arrière et il a mis ses mains dans les poches de derrière du pantalon *jeans. Bon, enquêteurs, ne perdons pas de vue notre mission.* Mensah ?

Le grand teint clair s'est tourné vers lui.

Oui, chef?

Tu me délimites un périmètre de sécurité autour de cette habitation. Il s'est tourné vers moi. Opanyin Poku, c'est quoi vous connais de la chose là ?

Rien, Sargie. C'est ça que je lui ai dit. Parce que, pour dire le vrai, j'étais choqué. Ce que j'ai vu là, sɛbi, je n'étais pas supposé le voir. Et aucun humain n'est supposé le voir s'il ne possède pas les pouvoirs qu'il faut pour ça. Je savais déjà que, le plus vite possible, il faudrait que j'aille verser mes libations. Tout ça à cause d'une fille dans une jupe petit petit comme ça, avec ses jambes maigres là. Ah, nos Aînés ne mentaient pas quand ils disaient qu'une seule noix de palme gâtée peut te gâcher tout le plaisir du vin de palme. J'ai quitté la case de Kofi Atta, je suis parti au dehors, et j'ai pris ma tête dans mes mains.

Sargie est venu au dehors avec tous les *policemans,* sauf le grand teint clair qui est resté dans la case. Il a sorti une machine *radio* de son abomu et il a pressé quelque chose dessus, et il a commencé à parler dedans.

Inspecteur principal Donkor, ici le sergent Ofosu au rapport. Nous suspectons la présence de restes humains, chef… Nous ne sommes pas certains… Avec tout mon respect, chef, nous ne sommes pas en mesure de l'affirmer avec certitude. Nous ne sommes pas qualifiés pour… Pardon, chef. Oui, chef, nous ferons notre possible… Bien entendu, chef. Nous allons faire venir un légiste. Essayer à Koforidua… Oui, chef, nous commençons les interrogatoires aussitôt… Oui, chef… Oui, chef… Je vous tiens au courant, chef.

Quand il s'est arrêté de parler, il s'est tourné vers ses hommes. *Très bien, je veux que vous vous scindiez en trois groupes de deux et que vous interrogiez tout le monde, tous les adultes, hommes et femmes, et les enfants de ce village.* Mensah, *je veux que tu montes la garde devant cette case.* Gavu, *attends ici.*

Celui qui avait le trou dans ses dents a dit, *Oui, chef.* Et tous les autres sont partis vers la place du village.

Sargie a plongé ses mains dans la poche de sa chemise, il a sorti des arachides, et il a commencé à mâcher ça. Il s'est tourné vers moi.

Yao Poku, vous dites que vous ne savez vraiment rien de tout ceci ?

Je l'ai regardé seulement. Ce jeune homme qui a laissé son éducation à la maison, qui se permet de m'appeler Yao Poku comme ça, qui a oublié que moi-même je suis là en train de l'aider. Maintenant il veut faire son grand *policeman,* alors il me parle grand anglais. Je voulais lui dire qu'on n'allume pas un feu sous un arbre qui porte des fruits, mais ces jeunes là croient toujours qu'ils ont inventé la connaissance. Alors je l'ai ignoré seulement.

Savez-vous qui habite ici ?

On l'appelle Kofi Atta.

J'ai commencé à marcher pour partir.

Sargie a couru derrière moi. *Où allez-vous ?*

Verser mes libations.

Il a ri, et il a gesticulé vers la devanture de la case de Kofi Atta. Gavu, *allons-y. Direction Koforidua.*

En arrivant près de l'arbre tweneboa, j'ai vu un *policeman* qui était en train de bousculer le cultivateur Asare devant les yeux de sa propre épouse et de ses enfants. Ces gens là. *Policemans, avocats, ministres,* ils n'apprendront jamais rien ; les lois des livres et le pouvoir des fusils n'enseigneront jamais les manières de faire avec les humains. Nous avons toujours vécu selon nos coutumes ; souviens-toi que le singe mangeait déjà bien avant que le cultivateur ne vienne au monde. J'ai secoué ma tête et je suis allé récupérer mon vin de palme.

Le temps que le sargie revienne, nous étions tous très fâchés. Nous nous sommes rassemblés autour de l'arbre tweneboa et nous avons refusé de donner les réponses aux questions que les *policemans* nous ont posées. Tout le monde était là, sauf les trois garçons qui habitent maintenant dans la forêt, et le féticheur Oduro qui était avec eux, et qui nous surveillait du haut des deux arbres prɛkɛsɛ plantés près du champ d'Asare. C'est Gawana qui a dit que tous nous devions nous rassembler autour de l'arbre tweneboa. Il a dit, Ils ne sont pas nombreux, ils ne peuvent pas nous forcer. Pour dire le vrai, il m'a rendu tellement content paaa ! Le garçon là ira loin. Il fréquente à l'école de Kumasi, mais il était en congé. Tu vois, même un élève comme lui, il n'a pas essayé de parler grand anglais. Gawana est un bon garçon. Il n'est pas vraiment de ce village, mais il est des nôtres. Je lui ai déjà dit qu'un jour il pourrait être un bon chasseur. Son grand-père est arrivé ici en 1954. Il s'appelait Gawana aussi, et il nous a dit qu'il avait fait tout le chemin depuis le pays *Kenya,* en marchant, et en sautant sur des *camions* quand il avait la chance. C'est Kojo Sei qui a traduit ce qu'il disait, mais nous n'avons pas cru un mot de tout ça. Kojo Sei était bien connu pour ses racontars. La chose là, c'est que Gawana était vraiment beau à voir, avec sa peau noire et lisse, sa longue figure et ses grands yeux. Tellement beau à voir qu'une des filles du village – Ama Serwaa, la fille de la sœur de la mère du mari de ma sœur – est tombée directement amoureuse de lui. (Tu sais, nos femmes peuvent choisir elles-mêmes leurs maris. À condition que les parents soient d'accord. Le mariage est une affaire de famille.) Quand il a appris à parler le twi, Gawana nous a raconté que c'est parce que les hommes blancs anglais coupaient les testicules des Noirs au *Kenya* qu'il a décidé de fuir. Quand il nous a dit ça, d'abord nous avons ri. Ah ! sɛbi, quel homme va aller couper les testicules d'un autre ? Mais il nous a montré les marques sur son dos, aux endroits où on l'avait battu en pleine rue, et là nous avons commencé à le croire. Nous ne lui avons jamais vraiment demandé son nom, mais nous avons entendu Ama Serwaa l'appeler Gawana. Et après ça, nous avons appelé tous les membres de sa famille Gawana. Grand Gawana, petit Gawana, Gawana fille, Gawana garçon, et maintenant Gawana le jeune, qui est vraiment des nôtres. Qui parle la langue twi comme le propre fils de notre chef. Qui reste debout devant tous ces *policemans* et leur dit de cesser de nous *harceler.* Ah, les ancêtres savaient de quoi ils parlaient quand ils disaient Abusua yɛ dom. Si ta famille ne se bat pas pour toi, qui d'autre le fera ? Oui, c'est bien vrai, la famille est une arme.

L'homme que le sargie a ramené, celui qu'ils ont appelé *légisse,* c'était un ivrogne fini. J'ai bien vu ça dans ses yeux qui tombent. (Je suis un habitué de la case à vin de palme, donc la boisson là, je connais bien.) Quand Sargie a compris que ses hommes n'avaient récolté aucune information avec nous, il a crié sur eux et il les a appelés *incompétents.* Il a dit qu'ils n'avaient qu'à aller s'asseoir dans leur voiture seulement, et il a marché vers la case de Kofi Atta avec le *légisse* et le *policeman* qui avait un trou dans ses dents. Les gens du village ont commencé à rentrer à la maison. Mon épouse, Aku, est partie avec eux mais moi, vous me connaissez, je suis resté près de l'arbre et j'ai attendu pour voir. Le grand teint clair était toujours debout devant la case de Kofi Atta, avec un fusil sur son épaule. Vraiment.

Quand ils sont sortis dehors encore, Sargie fronçait ses sourcils et questionnait le *légisse.*

Donc vous ne pouvez pas vous prononcer avec certitude sur la nature de cette chose ?

Non, je m'occupe de personnes mortes, moi. Et ça, ce n'est pas une personne morte.

Alors qu'est-ce que c'est ?

Ça pourrait être n'importe quoi. Personnellement, je pencherais plutôt pour de la matière placentaire, mais en même temps ça me paraît un peu trop gros pour que ce soit ça.

Le *légisse* a toussé, et il a craché par terre. L'homme là, il n'avait pas la santé ; ce qu'il a craché, ça avait la couleur d'une sauterelle qu'on a écrasée.

Vous êtes sûr que ce n'est pas une personne morte ?

Sergent, ça n'a pas d'os. Une personne, ça a des os.

Sargie a hoché la tête. *Veuillez m'excuser, docteur.* Puis il a sorti sa machine *radio* de son abomu, il a pressé dessus encore, et il a commencé à parler dedans.

Inspecteur principal Donkor, c'est moi... Oui, chef, il est ici même, avec moi... Il dit, peut-être, de la matière placentaire... Non, chef, il n'en est pas certain... chef, avec tout mon respect, il fait bientôt nuit, et aucun indice ne laisse penser qu'il pourrait s'agir d'un meurtre. Pourquoi ne pas simplement laisser tomber cette affaire ?... Je vous prie de m'excuser, chef... Pardon... Pardon, chef... Non, je ne mets absolument pas en doute votre jugement. Inspecteur principal Donkor, je suis vraiment navré... Oui, je suis conscient du fait qu'il s'agit de la maîtresse du ministre... Bien sûr je vous fais confiance, chef. Nous allons poursuivre... Ah... Le jeune diplômé ? Je ne me rappelle plus son nom, chef. Je ne l'ai jamais rencontré. C'est D. I. Baah qui l'a interrogé... Je ferai mon possible, chef... On se voit à Accra, chef.

Il a rangé la *radio* dans son abomu et il a marché vers l'arbre tweneboa. Le *légisse* le suivait avec le pas de celui qui va tomber.

Bon. Sargie a donné des petits coups sur la voiture, en haut derrière. *Vous ramènerez le docteur à ses compagnons de beuverie de Koforidua, et demain matin vous vous présenterez au rapport à Ring Road. Les autres, direction Accra. Sans crochet, sans détour.* Il a fait signe au grand *policeman* teint clair, qui est arrivé en courant.

L'ombre du soir descendait. Nous n'avons pas *électricité* ici, et le soleil était rouge derrière ma case. Je savais que mon épouse serait déjà en train de m'attendre. Les voitures des *policemans* ont démarré et les enfants sont arrivés en courant pour les regarder partir. Oforiwaa a commencé à chanter sa chanson *Papa Police* encore.

Mensah, a dit Sargie, *vous allez devoir rester ici cette nuit pour monter la garde sur la scène d'investigation.*

Oui, sergent.

Je sais que c'est une affaire sans queue ni tête et que tous ces gens ici sont des arriérés. Mais parce que c'est la maîtresse du ministre, on est bien obligés de faire de notre mieux. L'inspecteur principal pense qu'il connaît quelqu'un qui pourrait nous aider à résoudre l'affaire. Quand ce type arrivera demain, vous pourrez rentrer à Accra.

Oui, sergent. Il a attendu avant de dire encore, *Sergent...* et en grattant son crâne, *pas de perdième ?*

Sargie a plongé sa main dans sa poche de derrière, et il a sorti beaucoup de billets. Il a sorti six billets de *cinq mille*, et il a mis ça dans la main du grand *policeman* teint clair. Et là, il s'est tourné et il a marché vers le Pinzgauer.

Maintenant le *policeman* avec le trou dans ses dents était dans la place de celui qui va conduire la voiture. Il a passé sa tête par la fenêtre et il a demandé à Sargie : *C'est qui la personne que l'inspecteur principal va nous envoyer demain ?*

Un jeune diplômé, paraît-il.

Sargie a plongé sa main dans sa poche de devant et il a sorti des arachides. *Je n'arrive toujours pas à croire qu'un village joli comme ça puisse puer à ce point.*

Ils ont ri tous les deux ensemble. Et là, Sargie s'est assis et ils ont démarré le Pinzgauer. Sargie ne m'a même pas regardé avant de partir. (Eï, qu'est-il advenu de notre peuple ?)

Nous étions à notre quelque part quand ils sont arrivés ; d'abord la fille avec son *chauffeur*, et après un peu – un, un, un jusqu'à neuf *policemans,* puis le *légisse* ivrogne. Et maintenant ils nous ont laissé leur grand *policeman* teint clair, un homme du peuple ga, je pense, avec une voiture de *police,* et les enfants ont grimpé dessus le soir. Et ils ont dit qu'un jeune *diplômé* va venir le lendemain. (J'étais forcé d'aller dire ça à notre chef le matin quand je me suis réveillé.) Nous avons attendu pour voir. L'homme a ses projets et les ancêtres aussi ont leurs projets, et quelquefois ce ne sont pas les mêmes. Les besoins de la terre sont plus importants que nos besoins. On ne se plaint pas. Mon père et son père avant lui étaient des chasseurs ; c'est ce qui a été décidé. Mes propres fils, les deux, ils ont choisi de ne pas prendre ma suite ; ils sont partis dans la famille de leur mère, plus au sud. Alors je suis le dernier chasseur de ce village. J'ai vu toutes les choses étonnantes des forêts et des rivières et je les ai racontées à beaucoup de jeunes hommes mais tous, ils ont préféré partir à la ville et gagner de l'argent. Même l'histoire du jour où j'ai décidé de suivre le cours du fleuve Densu ; quand j'ai descendu le fleuve dans une pirogue en apprenant le chant des oiseaux pendant que le courant me portait ; quand j'ai regardé tous les papillons avec leurs dessins différents, qui volaient ici ici le long des rives du fleuve ; quand j'ai laissé filer ma main dans l'eau comme un poisson qui a glissé dans le fleuve jusqu'aux mangroves du sud, où j'ai vu mon épouse qui se baignait nue dans les eaux ; son derrière large et sombre, ses jambes fortes et arquées, sa beauté plus grande encore que celle du python royal. Mais même cette histoire ne les charme pas. Ils disent qu'en temps d'aujourd'hui il y a de belles femmes partout. Et je leur dis que ce n'est pas seulement une question de beauté, parce que la beauté ne paye pas les dettes. Mais est-ce qu'ils écoutent seulement ?

Le féticheur Oduro a du mal à recruter un assistant, et les jeunes gens ne lui font plus confiance ; ils veulent des comprimés, et il n'a que des herbes à leur donner.

Les choses ont changé. Mais la nuit tombe toujours de la même façon.

J'étais resté trop longuement au dehors, et il était temps pour moi de retrouver mon épouse. Le grand *policeman* teint clair était en train de fumer quelque chose. Je pouvais sentir ça. S'il voulait vraiment rester éveillé, il aurait dû mâcher la noix de kola ; la fumée n'aide pas à garder les yeux ouverts. (Ah, Kofi Atta ! à cause de toi tous ces gens sont venus faire comme bon leur semble dans notre village.) Mes yeux ont vu ce que la bouche ne peut pas raconter, mais il est dit que la vue de la mort, sɛbi, ne doit pas empêcher l'homme de dormir. Alors je suis rentré à la maison. Ceux qui ont vécu savent que l'ombre n'est là que pour un temps ; le matin apporte avec lui sa lumière.

À la radio, c'était encore et toujours la même chanson : *Aduu sumɔ akwadu,* « le singe aime la banane ». Kayo ne comprenait pas pourquoi les techniciens se sentaient obligés de mettre le son à plein tube, mais il n'osait rien dire car il les avait lui-même autorisés à l'écouter en travaillant, à condition que cela ne nuise pas à l'efficacité. Le travail en question consistait à analyser échantillon sur échantillon de substances chimiques agricoles, d'ingrédients alimentaires, d'arômes artificiels, de fluides prélevés sur des humains ou des animaux, quantité de produits nouveaux introduits par des importateurs désirant prouver que toutes ces choses qu'ils mettaient en vente satisfaisaient bien aux exigences de l'Agence ghanéenne de normalisation, et aussi, plus récemment, des échantillons pour toutes les entreprises de commercialisation d'eau pure qui émergeaient un peu partout. Ça pouvait paraître intéressant comme ça, de la même façon que les résultats sportifs à la radio paraissent intéressants. Mais la vérité, c'est que l'auditeur n'est jamais là quand tous ces athlètes, ces boxeurs, ces gymnastes, ces joueurs de cricket ou ces footballeurs doivent se lever à quatre heures du matin pour aller s'entraîner, et cent fois gravir à la course la même colline, jusqu'à ce que l'écho de la terre sous leurs pieds commence à les hanter. Dans cette minutie scrupuleuse, même la plus colorée des jupes n'est plus que tissu, trame de coton, des femmes et des hommes assis autour d'un métier à tisser en Égypte, s'ennuyant à mourir. L'analyse biochimique, c'était pareil. Kayo lui-même trouvait cela fastidieux, et pourtant lui au moins avait un ordinateur et pouvait jouer au *Démineur* en faisant semblant de préparer le planning de l'équipe.

Kayo se leva pour fermer la porte qui le séparait du grand labo. Pour maintenir sa réputation de bon manager, il était quelquefois obligé de réprimer ses accès de colère. Même porte close, la chanson lui parvenait encore par bribes, avec son petit rythme syncopé, mais sans les paroles. Il se renversa dans son fauteuil, se laissa glisser vers l'arrière sur les petites roulettes de plastique noir, puis posa les pieds sur le bureau. Ça l'agaçait au plus haut point de les voir apprécier une chanson pareille, et bien sûr peu leur importait qu'elle passe en boucle sur toutes les stations. En fait, ils semblaient toujours contents ; même d'être tous bien trop qualifiés pour les postes qu'ils occupaient et d'avoir en guise de patron un individu à l'ego hypertrophié du nom d'Acquah. C'était ça, le problème de ce pays. Les gens avaient beau se faire manipuler, exploiter, malgré tout ils continuaient à chanter. En fin de compte, cette chanson reflétait bien le système ; elle n'apportait aucune information nouvelle – la terre entière sait que les singes aiment les bananes –, aucune solution nouvelle, mais tout le monde en faisait l'événement du siècle. Il secoua la tête, ferma les yeux.

Son existence lui donnait mal au crâne. Travailler dans un laboratoire d'analyse biochimique n'était pas exactement ce qu'il avait projeté de faire de sa vie et, presque un an plus tard, tout cela commençait à le miner sérieusement. Il s'était figuré qu'il en aurait pour quatre mois tout au plus, le temps de décrocher un poste intéressant dans les services de police. Mais c'était compter sans la lenteur besogneuse de l'administration et le nombre de semaines que cela prendrait rien que pour obtenir un formulaire de candidature. Il avait pour ainsi dire jeté l'éponge. Ce bureau était devenu toute sa vie. Cette large baie vitrée encadrée de blanc, surplombant un laboratoire occupé par sept employés se trémoussant au son de mélodies insupportables. Ce sol de granit poli, à ses yeux le symbole même de l'échec. Cette colonne de classement grise, oreille indiscrète contemplant sa déveine en émettant de petits rires idiots. Et le téléphone, une vieille tante à la voix suraiguë, railleuse.

Bien entendu, M. Acquah avait été enchanté de voir Kayo se joindre à son personnel. Quand ce dernier était arrivé pour l'entretien d'embauche, c'était tout juste s'il ne salivait pas.

Rien, dans le bureau de M. Acquah, n'indiquait que l'on se trouvait dans un établissement biomédical. La moquette, rouge écarlate façon viande, était un parfait bouillon de culture. Kayo n'avait rien dit. Il avait besoin de ce travail. Les maigres économies réunies en Angleterre n'étaient qu'un pécule de secours. Pour l'heure, il lui fallait gagner de l'argent et contribuer aux frais d'université de sa sœur. Ses parents avaient dépensé tout ce qu'ils avaient pour lui payer des études, maintenant c'était son tour ; cela n'avait jamais été dit mais c'était ce qu'on attendait de lui. D'abord aider sa sœur, puis son frère.

« Et donc, vous êtes médecin légiste. » Le ton de M. Acquah laissait deviner qu'il s'agissait en fait d'une question.

« Oui.

— Ça veut dire que vous êtes docteur, que vous savez mener des analyses médicales approfondies et établir des diagnostics. » C'était encore une question.

M. Acquah parlait d'une voix râpeuse, il coassait d'excitation. Plus tard, Kayo apprendrait que son arrivée dans l'équipe avait littéralement fait doubler le chiffre d'affaires du laboratoire.

« Oui, je sais faire précisément tout ce que mon CV indique que je sais faire. » La voix de Kayo s'était élevée d'un ton, il regardait droit dans les yeux l'homme replet en face de lui, engoncé dans une blouse de laboratoire d'un blanc immaculé, arborant très distinctement son nom au-dessus de la poche gauche. Vu l'état impeccable de la blouse, avait songé Kayo, M. Acquah ne devait guère mettre les pieds dans le laboratoire ; sans doute se contentait-il de tenir audience dans son bureau somptueux, comme une souris blanche en parade.

« Vous êtes plutôt grand.

— Je vous demande pardon ? » Kayo pencha machinalement la tête vers la droite.

« J'ai dit que vous étiez plutôt grand. La plupart des gens qui travaillent en laboratoire sont de petite taille. »

Kayo secoua la tête, retira ses pieds de la table et se redressa sur son siège. Il n'était que dix heures trois, et déjà il avait hâte d'aller prendre un verre après le travail. Sa vie sociale était la seule chose qui lui permettait de rester à peu près sain d'esprit. Avec ses amis, il pouvait se lancer dans de longues diatribes contre le système, et ça lui faisait du bien. Son meilleur ami, Nii Nortey, en plaisantait avec lui mais, en privé, il lui suggérait – si vraiment il était résolu à travailler pour la police – de repérer les gens qui comptaient dans l'administration et de les soudoyer.

Kayo avait du mal à saisir le principe. S'il corrompait des gens pour obtenir un emploi alors qu'il était parfaitement compétent pour ce travail, il aurait le sentiment que ces personnes lui devraient de l'argent, et pourtant ces mêmes personnes iraient sans doute croire que c'était lui, Kayo, qui leur était redevable. Il ne se pensait pas capable de travailler dans un tel maelström d'attentes. Le système fonctionnait ainsi, il le savait, mais il ne lui semblait pas normal d'avoir à soudoyer des gens avec qui il faudrait ensuite travailler. Soudoyer quelqu'un, obtenir ce qu'on voulait, passer à autre chose. Ce système-là, Kayo pouvait le comprendre ; c'était celui qui avait permis à son père de convaincre un employé de bureau d'ajouter une année à l'âge de Kayo afin que ce dernier, qui n'avait alors que seize ans, puisse prétendre à une bourse d'études du gouvernement.

On frappa à la porte.

« Oui, entrez. » Par la baie vitrée, il aperçut Joseph, le plus ancien des techniciens du laboratoire, qui passait maintenant la tête dans l'entrebâillement. Kayo lui fit signe d'approcher.

« Sir, nous sommes bientôt à court de…

— Joseph, l'interrompit Kayo. Qu'est-ce qu'on a dit la semaine dernière ? »

Joseph sourit et baissa les yeux.

« Que je ne devais pas vous appeler "sir".

— Exactement. Vous êtes mon aîné et père de famille. Ce n'est pas approprié.

— Désolé, monsieur Kayo. »

Kayo secoua la tête ; il savait qu'il ne pourrait rien obtenir de mieux que ce « monsieur Kayo ». « Que puis-je faire pour vous, Joseph ?

— Monsieur Kayo, nous sommes bientôt à court de réactifs et d'agents chimiques de base. Il nous manque de l'urée et du triglycéride. Et aussi de l'hydroxyde de sodium.

— Entendu. » Kayo prit un calepin pour y griffonner en notes abrégées la commande de Joseph. « C'est tout ?

— Ah, et je crois qu'on aura bientôt besoin de gants, et aussi de compte-gouttes jetables.

— C'est noté. »

Joseph laissa la porte ouverte en partant. Un autre

tube, *Philomena,* envahit le bureau, et Kayo se surprit à fredonner l'air. Puis Joseph réapparut dans son champ de vision.

« Monsieur Kayo, j'avais oublié : des micro-centrifugeuses, aussi. » Il sourit, tourna les talons.

« Joseph.

— Monsieur ?

— Pourriez-vous refermer la porte, s'il vous plaît ? »

Kayo démarra son logiciel de gestion de stock et fronça les sourcils. Il fallait absolument qu'il parle à M. Acquah de la nécessité d'augmenter le budget du département biomédical. Après tout, c'était eux qui rapportaient le plus d'argent à la boîte. Il attrapa le téléphone vert et composa le numéro du standard.

« Salut, Eunice.

— Oh, bonjour, Kayo, comment allez-vous ce matin ? »

La voix d'Eunice roucoulait comme celle d'un perroquet, et cela terrifiait Kayo encore plus que le fait qu'elle fût en quête de ce qu'elle appelait elle-même un « bon mari » – c'est-à-dire quelque chose qui avait beaucoup à voir avec l'argent et la réputation, et très peu avec une quelconque attirance. Il imaginait le grain de beauté sur son menton, tressautant au rythme de ses paroles.

« Voulez-vous que je vous commande à manger ?

— Non. » Il secoua la tête en adressant un regard à sa colonne de classement ; Eunice n'attendait jamais de savoir ce qu'il avait à dire. « Il n'est que dix heures seize, lui fit-il remarquer.

— Ah oui, désolée. Que puis-je faire pour vous ?

— Pourriez-vous, s'il vous plaît, appeler Sowah Scientific Supplies et me les passer quand vous les aurez ? Chaque fois que j'essaye, manifestement, toutes leurs lignes sont occupées.

— Sans problème. »

Kayo reposa le combiné et s'efforça de sourire. Assez souffert pour aujourd'hui, décida-t-il en faisant reculer son siège pour étendre les jambes. Sa mère passait son temps à lui rappeler qu'il était un enfant de la côte, un enfant de Nyɛmashie, un pêcheur ; certains jours les pirogues rentraient sans poisson, disait-elle, mais cela ne signifiait pas qu'il n'y en aurait pas le jour d'après. Un pêcheur devait savoir accueillir le destin et garder espoir. Après tout, qu'est-ce que c'était au juste, « un jour » ? Les vieilles femmes de Nyɛmashie avaient un dicton. Le front de Kayo se plissa. *Si tu fermes les yeux, il n'y a ni nuit ni jour.* Il fit claquer ses doigts et pointa l'index vers le plafond. Oui, c'était ça, ce que les vieilles femmes lui disaient quand il était petit garçon. Quand elles le voyaient quitter au pas de course la plage où il venait de passer des heures à chasser les crabes et qu'elles lui demandaient pourquoi il était si pressé.

« C'est bientôt la nuit. Ma mère va se fâcher », leur répondait-il.

Et, levant la tête du tas de poisson fumé qu'elles triaient pour le marché du lendemain, les vieilles femmes se mettaient alors à agiter leurs doigts dans tous les sens.

« Elle va s'inquiéter, oui, mais ce ne sera pas à cause de la nuit. »

Une autre renchérissait. « Mmm hmm, pas à cause de la nuit.

— Alors à cause de quoi, Mmaa ? leur demandait Kayo.

— Parce que tu es parti trop longtemps.

— Oui. Si tu fermes les yeux, il n'y a ni nuit ni jour, mais un enfant manquera toujours à sa mère. »

Il se rappelait combien ces femmes avaient été contrariées lorsque l'électricité était arrivée dans leur petit coin de pays. Mais ce n'était pas tellement l'électricité qui les dérangeait, plutôt les réverbères. À quoi bon détruire la nuit ? Et elles s'échauffaient, s'échauffaient, tandis que les hommes, eux, contemplaient, soupiraient, et réparaient leurs filets.

À la deuxième sonnerie, Kayo décrocha le téléphone et tira vers lui son calepin. Un vieux réflexe. Vestige de toutes ces années passées à poser des équations – algèbre, physique, chimie, biochimie... Il rassembla ses forces pour affronter la voix d'Eunice.

« Kayo ?

— Oui, passez-les-moi. » Il ne comprenait vraiment pas pourquoi il fallait toujours qu'elle parle avant de lui passer la communication.

Eunice eut une hésitation. « Ce n'est pas Sowah... Ça sonne toujours occupé. C'est un certain sergent Mintah qui désire vous parler.

— Passez-le-moi, s'il vous plaît. »

Kayo inscrivit le mot *sergent* sur son calepin et attendit.

« Allô ?

— Allô.

— Votre nom est bien Odamtten ?

— Oui.

— Ici le sergent George Mintah. Je vous appelle de la part du CCRP P. J. Donkor, pour vous demander de nous prêter assistance dans une enquête. »

Kayo eut un instant de stupeur. « Je vous prie de m'excuser, vous travaillez pour l'armée ou pour la police ?

— La police.

— D'accord. » Il écrivit le mot *police* sur son calepin. « Suis-je un suspect ou un témoin ? »

L'homme à l'autre bout du fil éclata d'un rire tonitruant, et Kayo entendit un bruit de chaise qui raclait le sol. Une chaise en bois dans une pièce vide. « Non, saa', si vous étiez un suspect, on serait déjà venu vous arrêter. »

Kayo expira lentement. « Très bien, en quoi puis-je vous aider ?

— Il semble que vous soyez médecin légiste, et il se trouve que le CCRP est sur une affaire pour laquelle il souhaite avoir votre expertise. Nous avons besoin de vos services immédiatement. »

L'ironie de la situation fit venir un sourire aux lèvres de Kayo. Moins d'un an auparavant, la police nationale du Ghana avait rejeté sa candidature parce que, dixit D. I. Baah, l'officier aux yeux rougis qui l'avait reçu en entretien, la médecine légale « excédait leurs besoins ». Certes, il était sensible au fait que Kayo ait travaillé un an en tant qu'expert des scènes de crime au sein de la police criminelle des West Midlands, en Angleterre, cela était tout à fait admirable, vraiment, mais dans ce pays les choses étaient différentes. La police du Ghana avait un taux de résolution des affaires criminelles de quatre-vingt-dix-neuf pour cent, et ce grâce à des procédures d'interrogatoire « spécialisées ».

Kayo s'éclaircit la voix.

« Êtes-vous en mesure de me dire en quoi consiste l'affaire ?

— Non, saa'. Juste que le crime n'a pas eu lieu à Accra. Ça s'est passé à Sonokrom. Dans l'arrière-pays. Près de Tafo.

— Mais de quel genre d'affaire s'agit-il ?

— Le CCRP a écrit dessus, "non classifié", saa'. »

Kayo inscrivit *non classifié* sur son calepin et dessina trois flèches s'éloignant du mot en éventail. Au-dessous de ces flèches, il nota : *enlèvement, vol, meurtre.* Puis, avançant la lèvre inférieure, il écrivit à l'intérieur de trois petits encadrés les mots *contrebande, trafic, fraude.*

« Allô ?

— Oui, sergent.

— Alors, que dois-je lui dire ?

— Il faut que je voie avec mon patron si je peux prendre un congé, dit Kayo en tapotant son stylo sur sa tempe. Je vous rappelle.

— Non, saa', je patienterai. »

Kayo eut tout à coup le sentiment qu'il y avait une part de coercition implicite dans cette insistance du sergent à attendre au téléphone. Ça lui rappelait ces publicités d'offres spéciales dans lesquelles l'annonceur prétendait que le produit n'était disponible à la vente que durant quelques heures ; ça vous donnait l'impression que quelqu'un était là à vous surveiller, à guetter ce que vous alliez faire. Kayo n'avait pas envie d'être surveillé.

« Ça peut prendre un certain temps, annonça-t-il.

— Je patienterai. »

Kayo frappa deux coups à l'entrée du bureau de M. Acquah, puis il appuya sa main sur l'encadrement gris de la porte.

« Entrez. »

Il pénétra dans la pièce et s'arrêta près de l'un des deux fauteuils en cuir noir qui faisaient face à M. Acquah, assis de l'autre côté du bureau de bois clair.

« Bonjour, monsieur Acquah.

— Bonjour. Asseyez-vous. »

Bien que pressé par le temps, Kayo prit place dans un fauteuil et posa ses mains à plat sur le bureau. M. Acquah n'aimait pas que les gens se tiennent debout devant lui quand il leur parlait. Kayo soupçonnait que c'était parce que la posture offrait une vue plongeante sur son début de calvitie.

« Merci. Vous allez bien ?

— Très bien. Des soucis au labo ?

— Non.

— Vous avez besoin d'une petite avance ? »

Kayo eut un sourire.

M. Acquah semblait croire que si les gens venaient lui parler pendant plus de deux minutes, c'était parce qu'ils voulaient de l'argent.

« Non, monsieur Acquah. »

Kayo étendit ses jambes sous le bureau et, par mégarde, donna un coup de pied dans la cheville de M. Acquah.

« Désolé. »

M. Acquah agita la main d'un geste d'impatience, jeta un coup d'œil à son téléphone.

« Kayo, je vous écoute ?

— Ah, oui… La police du Ghana m'a contacté pour que je les aide à résoudre une affaire en cours, et je venais voir avec vous si je peux prendre un petit congé. »

M. Acquah secoua la tête en signe de refus.

« Si la police du Ghana a besoin de nos services, ils n'ont qu'à suivre la procédure habituelle ; c'est à moi qu'ils doivent s'adresser.

— Monsieur Acq… »

M. Acquah se frappait la poitrine du pouce, comme s'il essayait d'en déloger le son râpeux qui commençait à monter dans sa voix.

« C'est moi le directeur de cet établissement. »

Kayo porta une main à sa bouche et soupira. « Monsieur Acquah, ils ont besoin de mes services en tant que médecin légiste, l'expertise médicolégale ne fait pas partie des prestations que vous offrez. Je ne vous demande que quelques jours de congé. »

M. Acquah se leva et se dirigea vers un petit réfrigérateur dans le coin gauche de la pièce. Il en sortit une bouteille de Pepsi à moitié pleine, en prit une lampée et la remit en place.

La parcimonie avec laquelle M. Acquah buvait son

Pepsi rappela à Kayo la première fois qu'il y avait goûté. Il devait avoir onze ans, il venait d'obtenir une bourse d'études et son admission au lycée presbytérien pour garçons. Son père en avait rapporté une bouteille à la maison, et ils y avaient tous goûté. Tous. Sa mère, son père, sa petite sœur de quatre ans, son petit frère de deux ans, et lui. Sa mère avait même réussi à en garder pour le lendemain. Kayo ressentit une pointe de nostalgie familière en voyant M. Acquah refermer le réfrigérateur.

M. Acquah se rassit.

« Qui est votre interlocuteur au sein des services de police ?

— Le sergent Mintah.

— Un sergent ? Mais, Kayo, vous croyez que je vous paye pour qu'un sous-fifre sorti de nulle part vienne vous débaucher quand ça lui chante ? Vous avez bien lu votre contrat ?

— Oui, je sais que je n'ai droit à aucun congé avant la fin de mes douze premiers mois de travail. C'est la raison pour laquelle je viens vous en faire la demande.

— Donc vous avez lu la clause concernant le conflit d'intérêts ?

— Monsieur Acquah. Il n'y a pas de conflit d'intérêts. L'expertise médicolégale n'est pas votre domaine, je vous demande juste de m'accorder quelques jours. »

Sous le bureau, Kayo serrait les poings en s'efforçant de garder son calme. M. Acquah se leva.

« Eï, mon ami, surveillez votre ton. » Il remonta son pantalon bleu foncé et reboutonna sa blouse.

« Rappelez-vous qui paye votre salaire. Si vous voulez qu'on parle, vous feriez mieux de faire profil bas. Dites à votre sergent Mintah de m'appeler, après ça nous en rediscuterons. »

Kayo fixait M. Acquah, l'œil furibond, sans rien dire, scrutant la blancheur éclatante de sa blouse. Avec tous les contacts qu'il avait noués depuis qu'il travaillait à Acquabio, il aurait pu, en principe, quitter la boîte et se mettre à son compte. Le problème, c'était qu'aucune banque ne lui accorderait de prêt. Un financement aussi important que celui dont il aurait eu besoin, pour l'obtenir il lui faudrait connaître les bonnes personnes. Or Kayo ne les connaissait pas. Et de toute façon, les taux d'intérêt étaient prohibitifs. Il fallait être réaliste, pour financer un tel labo, la seule solution serait de mettre la main sur un héritage colossal, ou une manne tombée du ciel. Pour la première fois, Kayo se demanda d'où M. Acquah avait bien pu tirer sa fortune.

« Nous sommes d'accord ? » M. Acquah tendait vers lui ses deux mains, paumes ouvertes, comme un prophète. De l'autre côté de la fenêtre, derrière lui, le jardinier, un homme d'une quarantaine d'années, se penchait au-dessus d'un enchevêtrement de mauvaises herbes qu'il déterrait à l'aide d'une houe, puis jetait dans un vieux panier usé, avant d'aplanir d'un geste tendre la terre noire. Le dos de l'homme était encadré par d'épaisses tiges vertes d'oiseau de paradis, et toutes les fleurs se dressaient vers le ciel comme des avions orange dans un spectacle de patrouille aérienne, toutes sauf une, brunissant avec l'âge, fuselage calciné piquant vers le sol. Par-delà, Kayo apercevait un coin de haies taillées au cordeau, puis un tournant de route, une chaussée passablement criblée de nids-de-poule, et des gravillons pour les combler. La société Acquabio était nichée dans un recoin de North Ridge dont l'impression de quiétude ne parvenait guère à maintenir à distance l'animation trépidante d'Accra. North Ridge était un étrange collage d'ambassades, de squats, de résidences d'employés de la Banque mondiale, de bureaux et de clubs sélects, mais flirtant avec le cœur battant d'une ville semblable à toutes les villes que Kayo avait connues : un patchwork de rêveurs, de survivants et de mercenaires. Les mercenaires se repaissaient du gras des rêveurs et des survivants ; la vie des survivants quelquefois se faisait plus douce grâce aux rêveurs ; quant aux rêveurs, ou bien ils dépérissaient, ou bien ils prospéraient. Kayo n'avait rien d'un mercenaire ; mais des deux autres rôles, il ne savait pas encore lequel endosser et, tout simplement, il ne savait pas s'il aimait ou non les villes.

Il se gratta la tête. « Monsieur Acquah, s'il vous plaît, comprenez-moi bien. D'ici deux semaines, je pourrai prendre des congés. Mais en médecine légale, chaque seconde qui passe est un indice qui disparaît. Je ne peux pas me permettre d'attendre aussi longtemps si je veux résoudre cette affaire. Je voudrais juste prendre mes vacances un peu plus tôt. » Tout en parlant, Kayo se rendait compte à quel point il était devenu conciliant. Dans cette ville aux existences à la fois lourdes d'obligations et restreintes en possibilités, le feu de sa défiance habituelle n'était plus que flammèches vacillantes.

M. Acquah secoua la tête. « Kayo, vous ne m'écoutez pas. Que voulez-vous que ça me fasse, vos petits congés ? Mon problème à moi, c'est votre sergent Je-ne-sais-quoi, qui a le culot de vous appeler ici, dans mon établissement… » Son indignation était telle qu'il sembla un instant à court de mots. « … sans… sans… sans mon autorisation ! On n'avancera pas sur cette histoire tant que la police ne m'appellera pas pour me présenter des excuses en bonne et due forme. »

Kayo claqua la porte en quittant le bureau de M. Acquah, la poitrine emplie d'un air qu'il ne parvenait pas à expirer. Il eut l'impression que les murs outremer du couloir allaient s'effondrer sur lui. Bouscula en passant un Joseph abasourdi, referma la porte de son bureau et se saisit du combiné de téléphone qui attendait décroché.

« Sergent Mintah ?

— Oui, saa'.

— Mon patron dit que votre patron doit lui téléphoner. »

Il y eut un silence. Le sergent Mintah émit un petit gloussement.

« Votre patron est un type amusant. »

Kayo entendit le même bruit de chaise qui racle le sol, puis le sergent Mintah qui parlait à quelqu'un d'autre dans la pièce.

« Son patron veut que Donkor lui téléphone ! »

Il y eut un grand éclat de rire, la voix du sergent Mintah envahit de nouveau le combiné.

« Dites à votre patron que c'est une affaire d'envergure nationale, et qu'il ne serait pas vraiment dans son intérêt de s'en mêler. J'attends votre appel, saa'. »

Il raccrocha, Kayo reposa le combiné. Presque aussitôt, le téléphone sonna de nouveau. Sans doute le sergent Mintah qui rappelait pour lui laisser sa ligne directe. Il rouvrit son calepin, inscrivit dessus *envergure nationale,* et décrocha.

« Sergent Mintah ?

— Non Kayo, c'est Eunice. J'ai Sowah en ligne pour vous.

— Passez-les-moi. » Kayo laissa échapper un soupir et fit signe à Joseph d'entrer.

Kayo s'engagea dans la concession du maquis Millie's et se gara sous un neem à gauche de l'entrée. Millie's était installé dans le quartier Cantonnements, loin du chaos d'Osu, sur la portion du rond-point Danquah où les véhicules, étonnamment, pouvaient circuler avant vingt et une heures. Nii Nortey et ses copains de l'ONG étaient déjà là, assis à l'ombre d'un parasol près du petit bâtiment qui abritait le bar et sa resserre. En dehors de ça, la cour de Millie's était presque entièrement dépouillée, avec juste quelques îlots de sièges épars, autour de parasols estampillés Rothman. Les amis de Kayo s'étaient postés à deux pas titubants du coin des grillades, qui maculaient de noir charbon le mur à droite du bar. Ils mangeaient des kebabs et riaient avec l'abandon de l'ébriété. Manifestement, ils en étaient à leur deuxième tournée de Star. Dans un soupir, Kayo exhala sa longue journée, serra son frein à main, sentit la tension en lui se dissiper quelque peu. Il se réjouissait à l'avance d'une bonne bière bien fraîche.

En ouvrant la portière, un chant familier le fit sourire. Nii Nortey et Sammy T. l'avaient aperçu et venaient d'entamer le fameux rituel du « fan-club railleur ». « K ! O ! K ! O ! » scandaient-ils, déclamant ses initiales d'une voix toujours plus forte, jusqu'à ce qu'il lève les mains en signe d'acceptation de sa très grande célébrité, et qu'il leur adresse un sourire. Quand il les eut rejoints, ils chorégraphièrent un tape-m'en-cinq élaboré, leur routine à eux, et il se laissa assaillir par leurs compliments exagérément élogieux.

« Chaley, eeeh ! C'est toi là même ? Ça fait depuis quand tu sapes comme ça ?

— Chaley, ta chemise qui brille là… A-Aaah ! mes yeux ne peuvent même pas te regarder !

— Pardon ooo, pardon… » supplia Kayo, qui, toujours riant, s'installa sur le siège que Sammy T. venait de lui avancer. Il regarda les quatre hommes assis autour de lui et secoua la tête.

« Chaley, je ris devant vous maintenant mais vraiment, j'ai passé une sale journée au boulot. » Il soupira, défit un autre bouton de sa chemise jaune pâle pour laisser la brise de dix-huit heures lui chatouiller le torse.

Akwasi, qui était assis à la droite de Kayo, près de Nii Nortey, leva le bras et claqua des doigts : « Garçon, s'il vous plaît, apportez à cet homme sa Guinness habituelle. » Puis le bras redescendit tapoter Kayo.

Nii Nortey se pencha par-devant Akwasi pour s'adresser à Kayo. « Ah, Kayo, avant que tu te mettes à pleurnicher, il faut que je te dise... Tantie Millie a commencé à servir son poulet braisé. »

Tous éclatèrent de rire, sauf Nii Nortey.

« Oooh, protesta Nii Nortey, je suis sérieux, là... Je vous dis que c'est sérieusement bon. Je serais prêt à manquer de respect à ma propre mère, rien que pour pouvoir en goûter un peu. Demandez à Dan. »

Dan travaillait en tant qu'analyste de risques à la Banque du développement rural. Il était noir comme les graines de gombo séchées, avec une peau si lisse qu'on aurait dit du cuir verni, et chaque fois qu'il se mettait à parler on lui voyait d'un seul coup toutes les dents.

« Nii Nortey, arrête de faire l'idiot. Voilà un homme en détresse, et toi tu lui parles de poulet ?

— Oooh, Dan chaley, réponds juste à la question, non ? fit Nii Nortey en se levant. Réponds, c'était bon, ou pas, ce poulet ? »

Dan sourit.

« C'était bon.

— An-han ! Alors je vais nous en commander encore. » Il s'éloigna vers le bar.

Akwasi se tourna vers Kayo.

« Ne fais pas attention à lui. Raconte-nous ce qui t'arrive. »

Kayo descendit une goulée de bière, puis il leva les yeux vers Sammy T.

« Sammy, tu te souviens quand je vous ai dit, à toi et à Nortey, que je voulais tenter une dernière fois de postuler dans la police ? »

Sammy T. acquiesça et fit signe à Nii Nortey de revenir s'asseoir.

« Bon, en fait ça n'a pas marché. Mais aujourd'hui j'étais à mon bureau, au labo, et voilà que je reçois un coup de fil de la criminelle, qui me demande mon aide pour résoudre une affaire. Chaley, moi bien sûr j'excite bassa bassa, mais quand même je la joue cool et je dis au type qu'il faut que je demande à mon chef.

— Quoi ? Cet idiot d'Acquah ? interrompit Nii Nortey. Et il a dit quoi ?

— Il a dit non.

— Ah ! Tu devrais t'en aller, conseilla Sammy T. avec insistance.

— Sammy, je ne peux pas partir comme ça. Tu sais bien comment c'est.

— Et qu'est-ce qu'ils ont dit, à la police ?

— Ils m'ont dit de suggérer à Acquah de ne pas s'en mêler, mais il a quand même refusé. La deuxième fois, il m'a répondu que si je lui en parlais une troisième fois, il allait me virer.

— Oooh, Kayo, le type là ne peut pas te virer ! Tu diriges pratiquement la boîte à sa place. » Et Nii Nortey frappa une nouvelle fois sur la table, du plat de la main.

« Non non non, chaley, fit Dan. Vous savez bien comment sont ces chefs d'entreprise bouffis d'orgueil.

Il va vraiment le virer, et ce sera juste pour se vanter devant sa maîtresse d'avoir renvoyé un diplômé de fac anglaise. Croyez-moi.

— Tu as dit vrai ooo ! » ponctua Akwasi.

Dan poursuivit.

« Vous vous rappelez quand j'ai fait un audit sur les prêts bancaires de ma boîte, où je recommandais à mon chef de geler les crédits de Makaho Cold Stores et de saisir le parc de Jaguar de M. Osei ? Le gars a menacé de me rétrograder et voulait m'adresser une lettre d'avertissement pour avoir rédigé un rapport qu'il ne m'avait jamais demandé... Ah ! Et je vous parle de gens qui n'ont encore jamais remboursé une seule traite de leur emprunt. Pas une seule ! Makaho dispose d'une facilité de crédit chez nous depuis maintenant quatre ans... »

Ils hochaient la tête de concert lorsque le serveur arriva avec un poulet braisé entier découpé en gros morceaux disposés sur un plat bleu, avec un peu de shito à côté.

Kayo attrapa une aile de poulet et soupira. « Chaley, je suis trop écœuré. Vous voyez comme on est tous impuissants ? Ah ! j'avais juste envie de le gifler, cet Acquah avec son crâne d'harmattan là. »

Nii Nortey se saisit du croupion, le porta à ses lèvres et regarda Kayo en disant : « Ça, c'est les couilles de ton patron. » Et il commença à ronger le morceau. Sammy T. se leva pour lui donner une tape sur la tête. Ils éclatèrent de rire tous ensemble, noyèrent leurs inquiétudes dans l'alcool, dégustèrent leur poulet jusqu'au plus frêle des os.

Kayo passa devant le lycée Labone pour rejoindre l'intersection qui menait au boulevard circulaire de Ring Road – *l'artère principale d'Accra,* disait toujours son professeur de géographie. Des vendeuses étaient installées là avec leurs marchandises, de chaque côté de la rue Josiah Tongogara. La lueur des lampes à pétrole sur les visages leur donnait un air éthéré, mais l'odeur épicée des fatigues de la journée et celle, âcre, de l'argent qu'elles nouaient dans un pan de leur pagne, à la taille, les attachaient à la terre, solidement enracinées. Kayo huma au passage le fumet du tsofi, de l'igname frite et du riz, des kelewele et du kenkey. La marchande de kenkey du carrefour Labone était réputée pour la qualité de sa cuisine ; Kayo voyait se contracter et se dilater, comme un poumon, la masse régulière des gamins qu'on envoyait là chercher du kenkey pour le repas du soir. Il eut envie de s'arrêter mais se rappela que sa mère, à la maison, aurait déjà tout prévu. Il jeta un œil sur sa gauche avant de s'engager à droite sur le boulevard. La circulation aux abords du carrefour était plutôt fluide pour un début de soirée, mais il savait qu'elle deviendrait plus dense en se rapprochant du rond-point Kwame Nkrumah. Il aurait pu faire demi-tour et prendre par la route côtière, mais il continua sur Ring Road. À sa droite, il y avait une rangée de maisons séparées de la voie express par un large caniveau à ciel ouvert bordé par une ruelle peu empruntée. Une succession de planches en bois jetées par intervalles en travers de ce caniveau servaient de passerelles vers la grande avenue, où des tro-tros s'arrêtaient inopinément pour embarquer, parmi les clients qui les hélaient, ceux-là seuls qui pouvaient payer la course. Devant chacune de ces passerelles ou presque se tenaient des vendeurs de rue qui proposaient de tout, depuis l'appoint en petite monnaie pour les chauffeurs de taxi ou de tro-tros, jusqu'aux sandwichs chibom aux œufs frits. Juste après la rangée de maisons se dressait l'ambassade des États-Unis, séparée du reste du quartier Labone par un mur d'enceinte badigeonné de blanc, et repérable de loin par son drapeau étoilé bleu blanc rouge et son bouquet d'antennes paraboliques. De l'autre côté de l'avenue, à une distance convenable de l'ambassade, il y avait un tronçon de ruelle surnommé Ashawo Lane, à deux pas de l'ancienne boîte de nuit *Black Caesar*, où les prostituées s'exhibaient dans des tenues qui semblaient avoir survécu à toutes les évolutions majeures de la mode des trente années précédentes. Si les jupes remontaient autant que les décolletés plongeaient, si les robes paraissaient trop étriquées d'une taille et leurs couleurs assez vives pour harponner n'importe quel œil irrésolu, alors elles étaient encore à la mode. Toutes ces petites poches de vie, c'était cela qui lui rendait supportable l'idée des embouteillages à venir au rond-point Kwame Nkrumah. Même la portion la plus tranquille de son trajet, entre la grande caserne de pompiers et la Maison de la radio, bruissait d'une impalpable énergie ; on venait d'y construire un tout nouvel échangeur spaghetti, et les chauffeurs de taxi donnaient des coups de klaxon rien que pour entendre l'écho de leur tintamarre se répercuter quand ils traversaient en trombe le grand œuvre de béton.

Kayo n'avait jamais su apprécier les rues de Londres de la même façon. Il faisait bien la différence entre les ruelles d'East Street Market et les halles couvertes de Leadenhall, mais il ne parvenait pas à dessiner en rêve le réseau de leurs allées comme il le faisait avec les voies tortueuses, les passages et les caniveaux répugnants qui couraient entre le marché nocturne d'Osu et celui de Nima. Pour lui, les rues de Londres n'étaient reliées les unes aux autres que par les couleurs primaires de la carte du métro et les chiffres abstraits identifiant les différentes lignes de bus. Il ne se rappelait pas avoir vu grand-chose pendant ses trajets, parce qu'il gardait constamment les yeux rivés sur la dernière édition du manuel de médecine légale *Simpson's Forensic Medicine,* établie par Bernard Knight. D'ailleurs, il en oubliait souvent de descendre à son arrêt, ce qui rendait pour le moins irrationnelle sa topographie de la ville. S'il avait pu conduire dans Londres, comme plus tard il le ferait dans Birmingham, cela aurait été bien différent, mais à l'époque il finissait ses études de médecine à l'Imperial College et n'avait pas les moyens de s'acheter une voiture. Au moment où sa spécialisation en pathologie avait débuté à l'hôpital de Charing Cross, il était déjà un fervent adepte des transports publics, bien accroché à ses petites habitudes. Ce choix de spécialisation fut son premier acte de rébellion ; pour la première fois, Kayo avait pris conscience qu'il était peu enclin à suivre la voie que tous s'attendaient à le voir suivre, si celle-ci ne lui semblait pas être la bonne. Il avait quitté son pays avec le projet d'étudier la médecine et s'y était tenu, mais l'anesthésiologie, son choix initial, avait commencé à perdre de son attrait le jour où il avait ouvert une brochure de présentation des différents métiers exercés à l'Imperial College et découvert là toutes les possibilités qui s'offriraient à lui après ses études. La médecine légale lui était apparue comme une évidence, et nulle crainte d'être blâmé, pas le moindre frémissement de doute ne l'avaient ébranlé lorsqu'il avait finalement décidé de passer deux années de plus à Charing Cross afin d'y apprendre tout ce qu'il y avait à savoir sur ce métier. Jamais il ne s'était interrogé sur les raisons de ce choix. Ce n'est que lorsqu'il s'était retrouvé à expliquer à son directeur de thèse pourquoi il tenait tant à devenir médecin légiste que la mort de son grand-père avait resurgi.

L'histoire s'était déversée en vrac et l'avait pris par surprise. C'était lui qui avait découvert son grand-père sur la plage, face contre terre, glacé et sans vie. Comment un homme réputé pour avoir sauvé en mer plusieurs de ses compagnons, pêcheurs comme lui, et bien souvent au grand large, comment un tel homme avait-il donc pu se noyer dans quelques centimètres d'eau sur le rivage ? Kayo était incapable d'accepter, comme les compagnons de son grand-père l'avaient fait, l'idée que le destin en eût décidé ainsi. La vie de son grand-père n'était pas un soi-disant crépuscule, une lumière vouée à s'éteindre qu'on le veuille ou non. Rien de ce qu'il avait appris à l'école n'aurait pu le préparer au fait que Grandpa Okaikwei, qui à cinquante-neuf ans était encore un pêcheur très actif, avec des muscles durs et laids comme des tubercules de taro, pût mourir d'autre chose que de maladie. Pour Kayo, toute cette histoire exhalait une puanteur sordide. Il s'était mis à nourrir des soupçons à l'égard de certains pêcheurs de Nyɛmashie, mais du haut de ses dix ans, qu'y pouvait-il vraiment ? Le temps passant, ces soupçons l'avaient quitté, mais son sentiment d'impuissance et son incapacité à trouver un sens à la mort de son grand-père n'avaient cessé de lui coller à l'esprit comme un relent nauséabond. D'une certaine manière, la carrière qu'il avait choisi d'embrasser était une vaste quête de réponses.

Kayo n'avait jamais raconté à personne son entretien de recrutement à l'internat de médecine légale. Il lui était difficile d'expliquer à ses amis pourquoi il était si attaché à l'idée de travailler comme médecin légiste dans la fonction publique ghanéenne ; ou de leur dire combien l'horripilaient tous ces décès infailliblement attribués à la sorcellerie ou à la mauvaise fortune, et comme il avait envie d'y aller carrément, avec sa mallette argentée d'expert, pour délivrer aux gens des réponses scientifiques, des réponses dignes de ce nom.

Il ralentit l'allure en s'engageant dans la circulation du rond-point Kwame Nkrumah, fit non de la tête à un mendiant qui commençait à s'approcher en descendant du trottoir, baissa sa vitre. Il songea à ses amis et au fait que leurs choix de carrière reflétaient bien leurs tempéraments respectifs. Nii Nortey et Sammy T. étaient informaticiens et travaillaient tous les deux chez Danida. Ils étaient sans arrêt en déplacement pour régler toutes sortes de problèmes, et ils ne voulaient jamais vraiment s'engager nulle part parce qu'ils avaient tout le temps affaire à trop de gens. S'ils n'avaient pas la solution au problème, ils se contentaient d'appeler quelqu'un qui l'avait. Kayo avait fini par comprendre que leur manière à eux de faire face aux difficultés de la vie était de boire ; au matin, ils relançaient la machine en espérant que les choses iraient mieux. Dan, qui était de nature particulièrement réservée, avait créé la surprise en étant le premier de la bande à se marier. À l'école, c'était à peine s'il était capable d'inviter une fille à danser, paralysé qu'il était par la pensée de toutes les conséquences possibles de sa demande. Mais en tant qu'analyste de risques, il était brillant. Quant à Akwasi, dont Kayo venait tout juste de faire la connaissance par l'intermédiaire de Nii Nortey, son amitié allait se révéler précieuse. Sociologue, Akwasi adorait discuter des choses en profondeur, examiner les répercussions à grande échelle de la moindre action.

Tandis que les autres s'amusaient des blagues que leur racontait Nii Nortey sur son travail à Accra, Akwasi avait pris Kayo à part pour lui dire qu'il y avait environ un docteur pour trente mille patients au

Ghana, et que donc les médecins étaient très demandés, qu'il suffisait de deux années de formation pour obtenir les quatre spécialisations permettant d'exercer dans un hôpital public ghanéen. Pourquoi donc, demanda Akwasi, Kayo ne quittait-il pas tout simplement son poste à Acquabio pour aller suivre ces stages de spécialisation et s'installer comme médecin ?

La question flottait encore dans les pensées de Kayo quand il émergea de la grande zone d'embouteillage au-delà du rond-point Kwame Nkrumah, et qu'il commença à longer le cimetière Awudome pour rejoindre Nyɛmashie.

Kayo se gara sous un manguier à gauche de la concession de ses parents, puis il se dirigea vers le carré de lumière qui jaillissait de la moitié supérieure de la porte d'entrée, par un pan de moustiquaire. À la vue des restes de charbon encore fumant sur le braséro, Kayo devina que sa mère venait tout juste de terminer la préparation du repas. Un mince filet de vapeur, l'eau dont sa mère venait d'asperger le feu, flottait encore dans l'air alentour, comme un cordon ombilical à la dérive. Quand il ouvrit la porte, la voix de sa mère lui parvint depuis la salle à manger.

« Mon fils docteur, tu es là ? » Elle le saluait toujours en twi akuapem d'abord, avant de passer au ga pour que son père ne se sente pas exclu. « Okai, ton fils est rentré. » Elle haussa légèrement le ton afin que son mari l'entende par-dessus le martèlement des tam-tams qui annonçaient le début du JT de dix-neuf heures.

Kayo se pencha pour embrasser sa mère, et elle lui frotta le dos, comme quand il était encore petit garçon.

« Kwadwo, retentit la voix du père, tu rentres tôt aujourd'hui, tu pourras dîner avec nous.

— Oui, Père », répondit Kayo en quittant la salle à manger pour rejoindre sur sa gauche le couloir qui conduisait à la pièce d'où provenait la voix paternelle. « Juste le temps de me changer et j'arrive. » Il défit les derniers boutons de sa chemise et salua son père d'un signe de tête, par l'embrasure de la porte du salon.

Le père de Kayo détourna les yeux de son journal télévisé et sourit. Il avait les jambes étendues devant lui, et ses pieds nus reposaient sur un coussin en peau de mouton de Bolgatanga. Il répondit au salut de Kayo par un autre signe de tête : « Il n'y a pas de plus grande joie pour un homme que de s'asseoir à table pour dîner avec son fils devenu homme. » Et il se mit à rire, dévoilant ses dents bien alignées, qui reluisaient à la lueur du poste de télévision.

Kayo esquissa un sourire, secoua la tête et continua le long du couloir. Il avait envie de s'asseoir avec son père, mais il se sentait écrasé de fatigue et de contrariété. Et il ne voulait pas l'accabler en lui révélant que tout n'allait pas pour le mieux de son côté. Autant passer son chemin avec un sourire et laisser ses parents tout à leur petite joie d'avoir un fils « docteur ».

Kayo n'avait toujours pas trouvé le moyen de leur expliquer en quoi consistait vraiment son métier. Les choses étaient ainsi depuis un bon moment. Depuis l'époque où Kayo était entré au lycée, en internat, il gardait pour lui des pans entiers de sa vie. Ses parents, il les comprenait, mais eux ne le comprenaient pas. Il en éprouvait un sentiment de solitude, de solitude extrême. Sa sœur et son frère ayant tous deux quitté la maison à leur tour, Kayo était maintenant le seul enfant au bercail, et cela n'allait pas sans un surcroît d'attention à son égard. Il avait parfois l'impression que ses parents ne parvenaient à se sentir épanouis qu'en présence de leurs enfants.

La maison Odamtten était coupée en deux par le milieu, avec un long couloir joignant la porte d'entrée principale à une autre porte, tout au bout dans le fond, qui ouvrait sur une dépendance que Kayo occupait. Ce corridor de circulation entre la porte de devant et celle de derrière avait été autrefois la ligne de démarcation entre la maison de son père et celle de son grand-père. Après la mort de Grandpa Okaikwei, les deux résidences s'étaient progressivement jointes à mesure que la famille s'agrandissait. Tout au long de son enfance, Kayo avait aimé suivre du doigt le tracé invisible des murs abattus ou élevés pour faire des deux maisons une seule.

Sa chambre était toute simple, le mur de droite couvert d'étagères pleines de livres, avec une chaîne stéréo portable sur la tablette du milieu. Il y avait un lavabo dans le coin près de la porte, et dessous un panier en rotin. Kayo envoya valser sa chemise dans le panier et regarda l'intensité jaune pâle du vêtement s'y évanouir comme le ferait la lumière du jour. Il s'avança vers le lit, se débarrassa de ses chaussures en un leste mouvement d'appui sur les semelles intérieures, desserra sa ceinture, s'extirpa de son pantalon en quelques contorsions, puis s'allongea sur le matelas avec un soupir, ses chaussettes encore aux pieds, et les pieds reposant bien à plat sur le sol de linoléum bleu foncé.

La télécommande du lecteur de CD était posée près de sa cuisse. Il la saisit, appuya sur le bouton d'alimentation, et la voix de Kojo Antwi s'infiltra dans la pièce. En l'espace de quelques minutes, Kayo s'endormit.

Une série de coups pesants frappés à la porte de sa chambre le réveilla en sursaut.

« Oui ?

— Kwadwo ? » Il y avait comme une pointe d'inquiétude dans la voix de son père. « Qu'est-ce qu'il y a ? Tu es en train d'accoucher là-dedans ou bien quoi ? Viens manger.

— Je viens, Père, je viens. »

BENADA

Kayo venait de tourner la clé de contact quand il remarqua la fissure sur le pare-brise. Elle partait du coin supérieur gauche de la vitre pour s'arrêter à mi-parcours vers la pointe basse des essuie-glaces, comme en un cheminement interrompu. Il sortit, fit le tour de sa voiture ; il n'y avait aucune autre trace visible de dégradation. Il devinait sans peine ce qui était arrivé ; avec la pleine saison des mangues, le labyrinthe de feuillage vert sombre des manguiers était devenu une cible pour tous les gamins de Nyɛmashie. La maison Odamtten n'ayant pas de mur de clôture, on ne pouvait guère empêcher les jeunes garçons impétueux du quartier de viser au lance-pierre ces fruits mûrs et mordorés. Un projectile égaré avait dû atterrir sur son pare-brise. Kayo haussa les épaules. Il allait de soi qu'aucune assurance, dans ce pays, ne couvrirait un tel dommage, et après tout cela n'était qu'un dégât minime ; sa voiture, il s'en servait pour se déplacer, pas pour s'exhiber. Après une nuit épouvantable à ressasser l'occasion manquée de renouer avec la police, il avait fini par décider qu'il valait mieux rester à Acquabio. Si la police du Ghana tenait vraiment à le recruter, ils n'avaient qu'à examiner son dossier de candidature et lui proposer un poste digne de ce nom – pas juste une espèce de mission au hasard sur un dossier « non classifié ». Bien sûr qu'il avait envie de travailler comme expert légiste, mais pas sur une affaire ponctuelle qui ne le mènerait nulle part. Ce qui le préoccupait, c'était plutôt la façon dont la police ghanéenne abordait systématiquement les choses ; la médecine légale aurait dû être une composante essentielle du travail des forces de l'ordre. N'empêche, il ne pouvait s'empêcher de grincer des dents à la pensée de tous ces indices s'anéantissant les uns après les autres sur la scène de crime. Il haussa encore les épaules et, juste au moment de s'installer dans la voiture, avisa une belle mangue mûre par terre, près de son pied gauche. Il se pencha pour la ramasser et sourit ; la journée ne commençait pas si mal. Le moteur réagit au quart de tour, Kayo fit marche arrière sur le chemin poussiéreux qui longeait la maison pour mener cinquante mètres plus loin à l'océan, sur Coast Road.

Il aimait emprunter cette route côtière. Chaque matin, ça lui donnait le sentiment d'être proche de sa famille. La veille, son père avait pris la mer peu après que Kayo était allé se coucher ; il était revenu à terre au petit matin, avec la pêche de la nuit. Sur la plage, la mère de Kayo et les autres marchandes de poisson attendaient maintenant que les pêcheurs aient fini de ramener leurs filets, puis elles se mettraient au travail, triant les poissons par espèce et par taille en prévision du marché. Le rituel lui était familier. Enfant, pendant les congés scolaires, Kayo quittait souvent la maison à l'aube avec sa mère, pour aider père et équipage à tirer les filets. Il se souvenait des chants des hommes ; du soleil lent à paraître, comme s'il avait été pris à l'autre extrémité du filet que les pêcheurs tiraient, puis qui émergeait enfin, illuminant l'océan d'une étincelante nuée rose orangé. Tout le long du rivage miroitait cette lumière, qui se reflétait sur les grandes bassines d'aluminium des marchandes de poisson, en pâles éclats scintillants, comme autant de clins d'œil de l'horizon.

Kayo auscultait le ronronnement du moteur en passant les vitesses et regardait défiler la côte, toujours plus vite. Il avait un temps envisagé d'acheter un lecteur de CD pour la voiture, mais ça non plus n'était pas une priorité. Son jeune frère, Kakra, était sur le point de terminer son service national et d'entrer à l'université ; Kayo aurait donc bientôt à payer ses frais d'hébergement étudiant. Heureusement sa sœur n'en avait plus que pour un an. Il se gara sur le parking d'Acquabio, récupéra son portable dans la boîte à gants et descendit.

Joseph était le seul technicien à son poste dès sept heures et demie. En le saluant, Kayo se rappela qu'il avait prévu de demander pour lui une augmentation de salaire. D'ailleurs, il allait en profiter pour se faire augmenter lui-même ; il en avait assez d'être toujours pris pour le dévoué de service.

Une liasse de résultats d'analyses l'attendait dans la bannette au-dessus de la colonne de classement grise. Kayo s'en saisit et commença à les parcourir en s'installant à son bureau. Il fut soulagé de constater qu'ils concernaient tous des analyses d'ingrédients et produits simples. Aucune analyse médicale, cela signifiait que la journée de travail serait plus légère. Quand il y avait des échantillons médicaux à traiter, Kayo préférait descendre au labo et refaire tous les tests lui-même avant de se prononcer sur un diagnostic. C'était sa façon à lui de se rappeler que des vies humaines étaient en jeu et que, tout de même, son travail n'était pas sans importance. Les analyses de produits destinés à la commercialisation ne nécessitaient de sa part que la rédaction de rapports sommaires, précisant si oui ou non les échantillons soumis répondaient bien aux normes requises, et si non, pourquoi.

Lorsque Kayo était entré à Acquabio, il avait ajouté à ces rapports une section « recommandations », dans laquelle il indiquait aux entreprises clientes les changements qu'elles pourraient apporter à leurs processus de fabrication pour augmenter leurs chances de satisfaire aux exigences de l'Agence ghanéenne de normalisation, ou pour élever le niveau de conformité et de qualité des produits. Par la suite, il avait découvert qu'aussitôt ces recommandations introduites, M. Acquah avait gonflé le tarif des rapports en leur affectant un surcoût de cinq pour cent. C'était un homme d'affaires avisé, Acquah – Kayo ne pouvait le nier.

À huit heures pétantes, la musique fit irruption. Kayo tourna la tête, les sept techniciens du labo venaient d'arriver et s'étaient postés à intervalles réguliers autour des paillasses centrales. Les deux femmes de l'équipe se parlaient de part et d'autre, tout en installant pinces et becs Bunsen ; Joseph se tenait près du poste de radio, dont il baissait le volume. On écoutait *Zulu Wedding* de Hugh Masekela ; Kayo aimait beaucoup ce morceau, mais il résista à l'envie de faire signe à Joseph pour qu'il monte le son. Depuis sa baie vitrée, il savoura tranquillement l'organisation parfaitement assainie du laboratoire ; les paillasses absolument parallèles et leur plan de travail en Formica blanc, les tabourets hauts en bois et leurs assises carrées, la rangée de micro-centrifugeuses, la réserve de pinces à burette, les supports pour tubes à essai et les flacons d'agents réactifs bien à leur place sur la desserte, au-dessus de laquelle Kayo avait affiché des consignes de sécurité, non sans avoir lourdement insisté auprès de M. Acquah pour qu'il prenne enfin en compte l'importance de ces procédures sanitaires.

Kayo se replongea dans les résultats transmis par Joseph. Ils étaient présentés sous forme de graphiques assortis de commentaires et de synthèses reprenant point par point les conclusions des analyses auxquelles chacun des échantillons avait été soumis. Kayo ramassa la disquette que Joseph avait laissée près de son ordinateur et l'inséra dans le lecteur. Elle contenait les synthèses que Kayo reprenait habituellement pour rédiger ses propres rapports.

Il avait pris un bon rythme de travail et fut interloqué de voir Joseph frapper à la porte, pour lui annoncer qu'il était sur le point de s'en aller, ayant terminé sa journée. Déjà dix-sept heures quinze. Kayo rassembla les rapports reliés que Joseph venait de poser sur son bureau et les signa avec entrain. Il était plutôt content de lui ; en plus d'avoir préparé tous les rapports, il avait passé en revue son budget et détenait, lui semblait-il, de solides arguments pour convaincre M. Acquah de rehausser la part allouée à son département. Maintenant que les heures de travail étaient officiellement révolues, il glissa l'album *Innervisions* de Stevie Wonder dans le lecteur de son ordinateur et entreprit de mettre de l'ordre sur son bureau. Il claqua des doigts sur *Too High*, tout en glissant vers le côté gauche du bureau les rapports signés que Joseph récupérerait le lendemain matin, puis il déposa son calepin, avec tous ses gribouillis, dans le tiroir du haut. Sur l'ordinateur, Kayo sauvegarda son tableau de prévisions budgétaires et quitta la fenêtre du tableur. Il était sur le point de fermer le modèle de document qu'il avait créé pour ses rapports d'analyses lorsque le téléphone sonna.

« Allô ?

— Odamtten. »

Kayo reconnut la voix du sergent de la veille. Il fronça les sourcils et regarda sa montre.

« Sergent Mintah ?

— Tout juste, saa'. Du premier coup. Je savais bien que vous étiez l'homme de la situation.

— Je vous ai dit hier que mon patron ne m'autorisait pas à prendre des congés pour vous aider.

— Il n'a pas changé d'avis ? »

La voix du sergent avait pris un ton légèrement plus aigu.

« Non. »

Il y eut un silence, puis un gloussement à l'autre bout de la ligne. « Sans problème. Bon… Et donc, bien sûr, vous avez réfléchi à la possibilité de quitter votre poste, saa' ?

— À vrai dire, oui », répondit Kayo en ressortant son calepin du tiroir pour griffonner distraitement le mot NON sur le papier à lignes écru. « Mais j'ai décidé de rester. J'ai besoin d'argent. »

Le sergent Mintah éclata d'un long rire généreux.

« On a tous besoin d'argent, saa', on a tous besoin d'argent. »

Il se tut, puis il émit encore un gloussement.

« On se reparle demain, alors.

— Je ne changerai pas d'avis. »

Le calepin était maintenant couvert de NON perdus dans une forêt de gribouillis noirs.

« Je sais, mais c'est mon boulot de vous convaincre de venir travailler avec nous, alors je vous rappellerai. » Le sergent s'interrompit un instant. « Vous êtes un type intéressant, Odamtten, un type intéressant. »

À l'autre bout de la ligne, on avait déjà raccroché. Kayo se rendit compte que l'obscurité envahissait la pièce. Il remit son calepin dans le tiroir du haut et fixa du regard son ordinateur jusqu'à ce que l'écran de veille apparaisse. Des volutes de vert, bleu, rouge et jaune dansaient sur son visage tandis qu'il demeurait figé là, l'esprit plongé dans le vague, pendant que

Stevie Wonder chantait *Don't You Worry 'Bout A Thing*. Plus tard, il se souviendrait de ce moment et s'étonnerait d'avoir complètement occulté, tout le temps qu'avait duré sa conversation avec le sergent Mintah, la voix de Stevie Wonder.

Lorsque Kayo regarda de nouveau sa montre, il était dix-huit heures quarante-huit. Il ralluma son portable et entendit aussitôt un bip. C'était un texto de Nii Nortey : *triple crétin ! le gars là te respecte pas et toi tu exploses les heures sup seulement. faut dépêcher arrive chez tantie millie qu'on va boire. kwasia.* Kayo se mit à rire tout seul ; Nii Nortey ne parvenait pas à écrire le moindre texto sans commencer et finir par une insulte. Kayo appuya deux fois sur le bouton vert, attendit la sonnerie.

Nii Nortey reprit son propos à l'endroit précis où il s'était arrêté dans le texto. « Espèce d'abruti, comment tu peux faire attendre tes amis si longtemps ? Tu as intérêt à te présenter direct à ton poste de soûlographie.

— Kwasia toi-même, tu voulais dire quoi avec ton message là ? Comment tu sais si moi-même je n'étais pas quelque part avec ta chérie ?

— Parce que je te connais, espèce de trou du cul sans cervelle. Tu aimes trop travailler ! Et pour ma chérie… j'ai resté au lit avec la go dépuis le matin jusqu'au soir, et jé n'a pas vu toi jamais ooo. »

Kayo éloigna le portable pour ne pas être assourdi par le ricanement hystérique de Nii Nortey, puis le rapprocha de son oreille quand le rire s'apaisa. « Ok, Nortey, je viens, mais je vais faire une heure de temps avec vous et c'est fini ; j'ai trop fatigue.

— Viens seulement. Ensuite on va parler combien de temps tu vas rester.

— Ok. Ah, chaley, fais en sorte qu'il y ait une Guinness pour moi quand j'arrive.

— Y a pas problème. »

Le flot de lumière, en se brisant en éclats dans la fissure du pare-brise, l'aveugla partiellement. Kayo ralentit l'allure tandis que la voiture devant lui manœuvrait pour contourner la barrière mobile que la police avait installée près de la grande caserne de pompiers de Ring Road. Quand il parvint à la grille, un grand policier portant deux marques de scarifications ethniques sur la joue gauche braqua brièvement sa lampe torche sur la plaque d'immatriculation, puis ramena le faisceau éblouissant sur son visage.

Kayo plissa les yeux.

Le policier fit un signe de tête à son collègue, qui était un type presque aussi grand que lui, et deux fois plus large.

« Sergent Ofosu, je crois que c'est notre homme. »

Le visage du sergent s'éclaira d'un sourire, laissant apparaître entre ses dents des amas pâteux d'arachides à moitié mâchées.

Le premier policier regarda Kayo et dit : « Eï, le type là ! Vous voulez nous faire travailler ce soir hein ? »

Kayo se pencha à la portière et demanda : « Je peux savoir pourquoi vous m'arrêtez, s'il vous plaît ? »

Le sergent Ofosu partit dans un grand rire. « Savoir pourquoi quoi ? » Il se tapota la poitrine. « *Je suis* les forces de l'ordre. Si je vous arrête, c'est parce que j'ai une bonne raison. » Il se tourna vers son collègue. « Garba, passe un appel radio aux autres unités et dis-leur de dégager tous les barrages. C'est bien lui ; le revenu-d'Europe, le been-to qui conduit une Volkswagen d'occasion et qui pose des grandes questions. » Du bout de sa matraque, il donna un petit coup sur la portière de Kayo et ajouta :

« Mon ami, garez-vous et descendez du véhicule. Nous vous attendions.

— Sergent, vous ne m'avez toujours pas dit pourquoi je suis arrêté. »

Le sergent frappa à coups redoublés sur la portière. « Mon ami, vous voulez que je vous brise les deux jambes ou bien quoi ? J'ai dit, descendez du véhicule. Si vous voulez que ça se passe tranquille, contentez-vous de faire ce que je dis. »

Kayo se rangea sur le bas-côté de la voie express. Ouvrant sa portière à moitié, il se débrouilla comme il put pour s'extraire de la voiture. Il examina l'endroit où la matraque avait tambouriné pour voir si la peinture en avait souffert, puis il se tourna vers le sergent Ofosu, qui venait vers lui. « Voilà, voilà, je suis descendu. »

Le sergent sourit. « Agent Garba, viens prendre note ! » beugla-t-il.

Garba déplaça en hâte les barrières mobiles vers le

bas-côté et s'empressa de rejoindre son supérieur. Tout en avançant, il se frottait les mains pour les décrasser. Quand il se fut posté à côté d'eux, il sortit de sa poche poitrine un carnet, et le sergent Ofosu parla.

« Bon, mon ami, veuillez décliner vos nom, prénoms et profession.

— Kayo Odamtten. Je travaille dans un laboratoire scientifique.

— C'est ça le nom que votre père vous a trouvé pour vous faire sortir au grand jour ? »

Il y avait dans la voix du sergent un mélange d'agacement, d'amusement et de cynisme.

« Donnez-moi votre vrai nom.

— Kwadwo Okai Odamtten. »

Le sergent Ofosu hocha la tête.

« C'est tout ? Pas de prénom anglais ?

— Non.

— Garba ! fit le sergent en se tournant vers l'agent. Je pense qu'il est de ton ethnie. Pas de prénom chrétien.

— Sergent, si vous permettez, je crois plutôt...

— Garba, ce n'est pas le moment de permettez. On est en plein interrogatoire du suspect, non ? »

Kayo jeta un œil au défilé de voitures. Il était encore tôt dans la soirée. Il craignait que quelqu'un passant par là le reconnaisse. Si cela arrivait, ce quelqu'un irait bien sûr raconter à ses parents qu'il avait été arrêté, et ça les inquiéterait inutilement. Par bien des aspects, Accra était une petite ville. Il s'éclaircit la voix. « Sergent, vous ne m'avez toujours pas dit pourquoi j'ai été arrêté.

— Et ça vient d'où, ça, Kayo ?

— Pardon ?

— Je dis, le prénom Kayo là, que votre père ne vous a même pas donné, ça vient d'où ?

— Ça vient de l'université. J'ai fait mes études à Londres, et comme personne là-bas n'arrivait à prononcer mon prénom correctement, j'ai inventé celui-là.

— An-han, un universitaire. Pas étonnant que vous soyez toujours à me poser vos grandes questions. » Il se tourna vers Garba. « C'est bien noté, tout ça ?

— Oui, sergent.

— Donc, mon ami Kayo, quelle sorte de scientifique êtes-vous ?

— Je suis diplômé de médecine.

— Un docteur ? » Pour la première fois depuis le début de l'arrestation, le sergent Ofosu fronça les sourcils. Son front brun était maintenant couvert de plis serrés, comme un tissu froissé.

« Vous en êtes sûr ?

— Sûr. »

Le sergent Ofosu pencha la tête de côté pour mieux examiner le visage de Kayo. Il se donna sur la cuisse deux petites tapes de matraque, qu'il rangea ensuite dans son large ceinturon noir. Puis il plongea la main dans sa poche pour y ramasser une poignée d'arachides, enfourna le tout, et commença à mâchouiller.

« Bon, mon ami, est-ce que vous êtes juste un

docteur, ou bien vous me cachez quelque chose ? demanda-t-il.

— Je ne vous cache rien. Je suis médecin, mais ma spécialité est la médecine légale. Je ne pratique pas la médecine hospitalière. »

Le sergent Ofosu sourit. « Garba, fit-il en tapant sur l'épaule de son collègue, on tient notre homme ! »

Garba glissa son carnet dans sa poche et prit ses menottes. Il eut un air triste quand il se pencha pour attraper le bras de Kayo. « Kwadwo Okai Odamtten, je vous place en état d'arrestation pour tentative de déstabilisation du gouvernement. »

Kayo, bouche bée, laissa échapper un bruit de halètement suraigu. D'un mouvement instinctif de l'épaule, il repoussa la main de Garba. « Quoi ? » Comme un métronome, son regard allait de Garba au sergent Ofosu. « Vous plaisantez ? »

Le sergent Ofosu secoua la tête d'un air de parent déçu. « Mon ami, dit-il en tapotant le pistolet à sa ceinture, je suis sûr que vous connaissez les conséquences désagréables que pourrait vous valoir toute tentative de résistance à cette arrestation. Nous ne faisons que notre travail. » Son regard soutint celui de Kayo, puis il s'adressa à Garba : « Les menottes sont inutiles, agent Garba. »

Garba acquiesça.

Kayo tenta une dernière protestation. « Et comment suis-je censé avoir tenté de déstabiliser le gouvernement ? »

Le sergent Ofosu le regarda bien en face pour lui faire cette réponse : « Je sais bien que vous êtes un musulman comme mon ami Garba ici présent, mais je suis sûr que vous connaissez cette parole de la Bible : *Celui qui n'est pas avec moi est contre moi.*» Il fit un geste vers une Range Rover bleu foncé garée dix mètres plus loin sur la route. La baguette blanche caractéristique de la police ghanéenne luisait à son flanc. « Suivez-moi. »

Kayo secoua la tête, les deux mains tendues vers le ciel, paumes ouvertes, comme implorant la charité. La fureur palpitait à ses tempes. « Je ne suis pas musulman », déclara-t-il au sergent Ofosu qui lui tournait maintenant le dos, marchant d'un pas plutôt rapide pour un homme de sa corpulence. Son uniforme noir se fondait dans la nuit, si bien que tout ce que Kayo voyait de lui, pratiquement, était l'éclat brillant de la montre qui se balançait à son poignet à chaque mouvement de son bras.

« Garba, verrouille son véhicule et passe un appel radio pour qu'on vienne l'évacuer. »

Dans la Range Rover, le sergent prit place à côté de Kayo sur le siège arrière et, se tournant vers lui, demanda :

« Alors dites-moi, vous êtes allé où, aujourd'hui ?

— Que voulez-vous dire ?

— Eh bien, hier, vous étiez chez vous à dix-neuf heures, et là il est déjà vingt heures quinze. »

Kayo préféra oublier la question qui lui brûlait les lèvres. Il desserra sa cravate bleue à motifs, retroussa ses manches de chemise. « J'ai eu une longue journée de travail, ensuite j'ai rejoint des amis et nous avons pris un verre.

— Ah… Nous avons tous de longues journées, mon ami. Aujourd'hui, c'est vous, demain ce sera moi. » Il sourit, et sa bouche exhala une odeur d'arachide qui rappela à Kayo qu'il n'avait pas encore dîné.

« Est-ce que je vais pouvoir manger ? »

Garba apparut alors, ouvrant la portière avant pour s'installer sur le siège conducteur. « Tout est en ordre, sergent.

— Bien. Garba, fais marche arrière et emmène-nous au *Blue Gate Chop Bar*, je vais acheter à manger pour notre détenu VIP avant qu'on le boucle. » Il se tourna vers Kayo, s'adressa à lui comme à un vieil ami, en l'appelant cette fois de son vrai prénom. Celui que seule sa famille utilisait. « Kwadwo, j'espère que vous aimez le banku. Vous allez devoir manger dans la voiture avec nous. Comme un policier. »

La cellule de Kayo était un bureau désaffecté du bâtiment qui abritait le quartier général de la police d'Accra. Les fenêtres avaient été consolidées avec des barres de fer semblables à celles qu'on trouve sur les chantiers de construction. Elles n'étaient pas traitées contre la rouille. À tous les coups, c'était une opération de routine. Il aurait été idiot de la part de Kayo d'essayer de s'échapper de cet endroit.

« Voici notre cellule VIP. Réservée aux détenus de haut rang. » Le sergent Ofosu avait eu une pointe de fierté dans la voix en disant cela. Il y avait un vieux canapé en cuir rouge tout décati contre le mur à droite de la porte et une fontaine d'eau réfrigérée dans un coin. Le sol était nu, avec un carrelage en mosaïque. Seule une lampe à pétrole que Garba avait récupérée dans le hall d'entrée éclairait la pièce. Aucune source d'électricité.

« Je vois », dit Kayo.

Le sergent Ofosu attrapa la lampe à pétrole et tourna les talons. « Dormez bien, mon ami. On se voit demain matin. » Le halo jaune de la lampe à pétrole s'estompa derrière la porte, qui se referma dans un claquement péremptoire.

La nuit avala l'espace, et Kayo entendit trois claquements secs de serrures qu'on verrouillait l'une après l'autre. Il trouva à tâtons l'accoudoir du canapé, s'y allongea, ferma les yeux. Il avait toujours cette pulsation lancinante à la tête, et il s'en voulait terriblement de n'avoir pas su trouver les mots à dire en pareille situation. Il n'avait même pas demandé à voir un mandat d'arrêt. Il sourit pourtant, sentit la fatigue peser à la commissure de ses lèvres. De toutes les façons, ça n'aurait rien changé. Il tâcherait de se montrer plus ferme le lendemain matin. Il se souvint que les policiers ne l'avaient pas fouillé et plongea les mains dans ses poches à la recherche de son téléphone portable. Mais sa quête frénétique ne donna rien. Il l'avait laissé dans la boîte à gants. C'était tout lui, ça. Vidant ses poches au sol, il s'amusa à deviner leur contenu au toucher. Ce n'était pas difficile. Un mouchoir, un canif, deux dragées de chewing-gum PK, et son portefeuille. Pas grand-chose. Une brise vint le caresser, il rouvrit les yeux. Sur le mur de gauche, une lucarne s'ouvrait à hauteur de torse. La petite ouverture n'était parée d'aucune moustiquaire, d'aucune ornementation ; elle donnait sur le quartier Labone, vers la mer. La nuit était claire, son cortège d'étoiles au complet. À côté, les illuminations de la zone résidentielle faisaient pâle figure. L'ouverture était trop étroite pour que quiconque pût passer au travers, mais là n'était pas la principale préoccupation de Kayo. Les moustiques n'allaient pas tarder à percevoir la chaleur de son corps, et bientôt il leur servirait de banquet ouvert. Il regagna le canapé, baissa ses manches de chemise jusqu'aux poignets, se rallongea. Et se résigna à son sort.

WUKUDA

Kayo était réveillé depuis une heure lorsqu'il entendit couiner les verrous de la porte. Il avait fait quelques pompes, quelques redressements assis et cinq minutes d'équilibre sur la tête pour se dégourdir les idées et les membres. Il était prêt pour la bataille. Kayo ne voyait aucune raison à son arrestation, à moins qu'elle n'eût un lien avec les appels téléphoniques des deux jours précédents. Il n'avait pas retenu le nom des policiers, mais peut-être qu'eux-mêmes étaient impliqués dans un complot. Ou bien, peut-être que tout cela avait à voir avec Nii Nortey et ses compagnons de beuverie. Mais Kayo chassa bien vite cette idée de son esprit. Nii Nortey était incapable d'attaquer ne serait-ce que l'étal d'une marchande de fruits. Quoi qu'il en soit, il était inadmissible qu'un citoyen, fût-il suspect, soit appréhendé de la sorte. Inadmissible que des policiers agissent de cette manière. Si un jour il finissait par décrocher un poste dans la police, serait-il obligé de fermer les yeux sur ce genre de procédure ? Kayo se releva. Il fit tournoyer ses bras en cercle, puis se baissa pour toucher ses orteils. Il ferait valoir ses droits civiques et exigerait qu'on le libère. C'était du harcèlement, ni plus ni moins.

La porte grinça et s'ouvrit sur Garba, impeccablement sanglé dans un uniforme amidonné. Débarrassé de la sueur de sa journée de travail de la veille, il avait l'air jeune, du même âge que Kayo à peu près, peut-être un peu moins – environ vingt-cinq ans. Même le sergent Ofosu paraissait différent à la lumière du jour. Kayo nota qu'il n'avait pas encore mis sa casquette. Ses cheveux formaient un casque bien net et il arborait un grand sourire.

« Ah, mon ami, vous êtes réveillé. Vous n'avez pas bien dormi ?

— Si. Juste quelques piqûres de moustiques. »

Le sergent Ofosu tapota le dos de Kayo. « Brave garçon. » Il lui tendit un petit paquet. « Je vous ai apporté une tourte à la viande. Ils ne vous donneront rien à manger, à l'interrogatoire. »

Kayo le prit dans sa main droite, le fit passer dans la gauche. « Je n'irai pas à l'interrogatoire. Je veux téléphoner. »

Le sergent Ofosu échangea un regard avec Garba. Kayo perçut leur hésitation et décida de pousser l'avantage. Il s'efforça encore une fois de retrouver le nom du policier qui avait demandé qu'on prenne contact avec lui, mais en vain.

« Mon ami, nous avons reçu l'ordre de vous conduire à l'interrogatoire. »

Kayo se dirigea vers la lucarne. Le ciel bleu n'offrait aucune réponse. Sur la côte, les palmiers ondulaient tels des danseurs de hula, comme pour le narguer. Il leva le paquet dans sa main gauche, le déballa. Ça avait l'air bon. Il huma, prit une petite bouchée. Une bouffée d'arômes mêlés de poulet chaud, de piment, de tomate et de farine lui envahit le palais. Il ferma les yeux.

« C'est bon ? » Le sergent Ofosu l'observait.

« Délicieux. Où avez-vous acheté ça ?

— C'est ma femme qui les fait. » Le sergent Ofosu sourit et coiffa sa casquette d'un geste désinvolte. « On y va ?

— Non. » Kayo reprit une bouchée de tourte. « Je voudrais parler au CCP... Mais je ne me rappelle plus son nom. » Si ce policier était effectivement à l'origine de son arrestation, autant qu'il le rencontre.

Un air de perplexité se peignit sur les traits du sergent Ofosu. Il regarda en direction de la porte, où Garba se tenait tout raide, comme au garde-à-vous.

« Le CCRP ? suggéra Garba. Vous voulez dire Donkor ?

— Exact ! » Kayo fit claquer ses doigts. « C'est ça, je voudrais parler à l'inspecteur P. J. Donkor. »

Le sergent Ofosu foudroya Garba du regard, avant d'aboyer : « Garba, combien de fois dois-je te le répéter ? Quand tu parles de tes supérieurs, tu déclines leur nom et leur grade !

— Pardon, sergent. L'inspecteur principal Donkor, sergent. »

Kayo avança vers le centre de la pièce. « Je voudrais parler à l'inspecteur principal P. J. Donkor, s'il vous plaît.

— Garba, va voir s'il est là. » Le sergent Ofosu

s'assit sur le bras du vieux canapé. « Bon, mon ami, je ne peux rien vous promettre, mais nous allons faire notre possible.

— Merci.

— Alors, la tourte, c'était bon ? »

Kayo fit oui de la tête.

« Elle veut se lancer dans la restauration. Vous pensez qu'elle a ses chances ? »

Kayo hocha de nouveau la tête.

« La vue là, c'est pas mal, hein ? » Le sergent Ofosu se frotta les mains et désigna le bâtiment voisin. « Police judiciaire. Je rêvais de travailler là-bas paaa ! Les enquêtes. Mais comme je suis allé à l'école au village, je n'ai pas de relations. La PJ, c'est pour les gars de la ville comme vous ; nous ici, on est juste bons pour la circulation. » Il soupira. « Enfin, ce n'est pas si mal… Ah, mais que fait Garba ? » Il tapota le canapé et se leva. « Venez, on descend. Le bureau de l'inspecteur principal est au deuxième étage. »

L'inspecteur principal Donkor était un homme de petite taille, à la peau très noire et aux tempes grisonnantes. Il avait un regard d'une grande intensité et un tic à la joue gauche. Sur sa plaque noir et or étaient indiqués ses nom et prénoms, *Percival Joseph Donkor,* et, en dessous, son grade, *Chef de la coordination régionale de police.* Il congédia Garba et le sergent Ofosu d'un geste las, invita Kayo à s'asseoir. De ses mains, il forma une pyramide et, comme s'il s'apprêtait à faire un somme, il posa là sa joue, qui continuait de tressauter.

Il ajusta le presse-papiers à sa droite, positionna l'objet à un angle de quarante-cinq degrés au bord du bureau et reposa sa joue sur la pyramide.

« Donc, vous êtes Kayo Odamtten.

— Oui

— Vous êtes jeune. »

Il avait dit ça d'un ton accusateur.

« Oui.

— Il paraît que vous voulez passer des coups de fil ?

— Oui. Mais je voudrais aussi vous parler. Si j'ai bien compris, c'est à cause de vous qu'on m'a arrêté ?

— Vous connaissez *New York, Police judiciaire* ? »

L'homme semblait ne pas avoir entendu Kayo.

« Oui. »

En riant, l'inspecteur principal dévoila les dents les plus petites que Kayo ait jamais vues. On eût dit celles d'une souris ou d'un petit chiot. Cet homme n'était ni un ami ni un co-accusé ; c'était le cerveau de l'opération qui avait conduit à son arrestation.

« Donc, vous voulez passer deux appels téléphoniques ?

— Oui, et même trois si possible. »

L'inspecteur principal poussa son téléphone noir vers Kayo. Tout était noir, dans ce bureau. Tout, sauf le sol, les bords de la table, les placards et les cadres de fenêtres, qui étaient en bois. Un bois de wawa brun foncé du pays ashanti. Heureusement, les fenêtres étaient plutôt grandes – autrement, on se serait cru à l'intérieur d'un caveau.

Kayo souleva le combiné mais l'inspecteur principal retint sa main.

« Juste une précision avant que vous ne passiez votre appel : vous avez bien compris qu'on vous a arrêté pour avoir pris part à un complot visant à renverser le gouvernement ?

— Une "tentative de déstabilisation du gouvernement", à ce qu'on m'a dit.

— Ah... Mais entre-temps les choses se sont aggravées. Nous avons arrêté deux de vos complices, qui nous ont avoué que vous prépariez une transaction visant à importer des armes à feu légères dans le pays, hier, entre dix heures et midi. Pouvez-vous me dire où vous étiez à ce moment-là ?

— Évidemment. J'étais à mon travail.

— Eh bien, vous auriez tout intérêt à mettre en avant cet alibi. Autrement, je n'aurai d'autre choix que de vous transférer dans un établissement pénitentiaire de haute sécurité. »

Kayo laissa échapper un soupir. Il commençait à sentir sa propre odeur. Il ne s'était pas douché depuis la veille et ne cessait de transpirer. « Je peux appeler mon employeur ? »

L'inspecteur principal ouvrit grand ses bras.

« Acquabio Recherche, bonjour, que puis-je pour vous ?

— Bonjour Eunice, pouvez-vous me passer M. Acquah ?

— Ne quittez pas, s'il vous plaît. »

Kayo fronça les sourcils. En général, Eunice ne se contentait pas d'un expéditif « Ne quittez pas ». Il leva les yeux en direction de l'inspecteur principal, qui souriait. À l'autre bout du fil, Kayo entendit un bruit de pas traînants, puis un toussotement.

« Oui, qui est à l'appareil ?

— Monsieur Acquah, c'est moi, Kayo.

— Kayo qui ? Je ne connais personne de ce nom-là.

— Kayo Odamtten. Votre chargé de recherche. Vous ne me reconnaissez pas ? » Kayo fit passer le combiné dans l'autre main. Ses paumes étaient plus glissantes que la soie.

« Écoutez, jeune homme, je ne vois pas de qui vous parlez. C'est un laboratoire d'analyses, ici. Nous sommes très occupés, et je n'ai pas de temps à perdre.

— Mais enfin, monsieur Acquah... »

Il y eut un clic. Puis le silence. Kayo leva les yeux vers l'inspecteur principal Donkor, qui souriait toujours. Kayo eut envie de fracasser sa petite mâchoire de souris.

« Bon, qu'est-ce que c'est que cette histoire ? Je voudrais bien jouer à votre petit jeu, mais je n'ai pas le temps. Si je suis accusé de complot, comment se fait-il que je ne sois pas chez vos collègues de la PJ, juste à côté ?

— Monsieur Kayo, dois-je vous rappeler à qui vous parlez ? »

La voix de l'inspecteur principal était aussi lisse que les objets disposés sur son bureau. Sa joue gauche tressaillit. « Vous disiez vouloir passer trois appels. Ça, c'était le premier. Vous voulez toujours passer les deux autres ?

— Non, inspecteur. Je ne voudrais pas paraître

impoli, mais ce que je veux, c'est qu'on me dise ce qui se passe. »

L'inspecteur principal se cala dans son fauteuil. Kayo s'aperçut alors que le sommet de son crâne arrivait pile à la hauteur du dossier de son fauteuil en cuir noir.

« Vous savez comment ce pays est dirigé ?

— Non. » Kayo était sincère.

« Eh bien voilà, la police fait partie de la fonction publique, tout comme l'administration pénitentiaire, les pompiers, les ports et l'armée. Je suis sûr que vous savez cela. »

Kayo acquiesça.

« Le problème, c'est qu'on n'accède pas aux sphères les plus hautes de la fonction publique par le mérite ou l'ancienneté. Uniquement sur nomination. Ça signifie que c'est le ministère qui décide de qui sera le grand chef – c'est-à-dire l'inspecteur général de police. » L'inspecteur principal Donkor ouvrit un tiroir et en sortit un large feuillet plastifié. « Je suis un homme ambitieux. Ce poste, ajouta-t-il en désignant sa plaque, n'existait pas avant qu'on me l'attribue. Maintenant, je n'ai plus que trois grades à franchir avant d'atteindre le sommet. » Il frappa l'organigramme du doigt. « Et j'ai bien l'intention d'arriver tout en haut avant de prendre ma retraite. Vous me suivez ?

— Je crois que oui. »

L'inspecteur principal rangea l'organigrammc à sa place et referma consciencieusement le tiroir. « Bon. Mon homme de confiance, le sergent Mintah, vous a contacté lundi dernier au sujet d'une mission. J'ai cru comprendre que vous n'étiez pas contre, mais votre patron, Acquah, refuse de vous laisser prendre des congés ?

— C'est exact.

— J'ai cru comprendre aussi qu'il y a quelques années vous aviez posé votre candidature pour entrer dans la police… mais qu'on ne vous a pas retenu. » Au coin des lèvres de Donkor se dessinait un début de sourire que Kayo avait envie d'écraser sous ses pieds.

« Oui, c'était il y a onze mois.

— Alors, nous nous comprenons.

— Non, inspecteur, je ne comprends toujours pas. » Sous la table, Kayo serrait les poings. L'homme s'exprimait en cercles concentriques. Ses paroles venaient toutes du même endroit, mais elles empruntaient des chemins complètement différents.

L'inspecteur principal Donkor sourit. « Vous connaissez *Les Experts* ?

— Oui.

— Eh bien, c'est tout à fait vous. » Il adressa à Kayo un regard qui semblait en dire long. Mais Kayo continuait de froncer les sourcils, plus perplexe que jamais.

« Vous êtes spécialisé en médecine légale, à ce qu'il paraît ?

— En effet.

— Il y a une affaire en cours dans un village près de Tafo, pour laquelle nous avons besoin de votre aide. Ce n'est pas le genre d'affaire dont nous nous chargeons habituellement, mais il se trouve que le ministre du Développement des routes et autoroutes couche avec une fille originaire de Tafo. Et cette fille a découvert là-bas des restes humains. Donc, le ministre en personne m'a téléphoné le jour même pour me demander d'envoyer des hommes sur place. Et maintenant, il s'intéresse de près aux résultats de l'enquête. » L'inspecteur principal tapotait de son majeur le rebord de la table, comme pour égrener les secondes. « Que le ministre s'intéresse à cette affaire signifie que tout cela pourrait déboucher sur une promotion. Et des primes aussi. Et les primes, voyez-vous, c'est l'élément vital de la fonction publique. Nos salaires officiels sont ridicules. » Il rit de bon cœur.

Kayo fut étonné du caractère mélodieux de ce rire, il sourit, l'inspecteur principal reforma sa pyramide.

« Et pour vous, si vous réussissez, qui sait, ce serait peut-être un nouvel emploi.

— Et si jamais je ne réussis pas ?

— Évitons de parler d'échec, si vous voulez bien. Ça me met mal à l'aise. » La joue de l'inspecteur principal tressauta deux fois.

Maintenant, Kayo était certain que Donkor avait besoin de lui. Il ne lui restait plus qu'à se ménager une porte de sortie. Il frotta ses mains sur son pantalon et contempla le dessin du parquet. Ce n'était pas un motif classique. On y distinguait comme des diamants – un diamant noir au milieu d'un amas de huit autres plus clairs. Kayo tapota du pied, légèrement, sur le sol. C'était du bois de bonne qualité. Il se redressa sur son siège et forma sa propre pyramide.

« Ai-je perdu mon emploi chez Acquabio ?

— Je le crains.

— Dans ce cas, il me faut une garantie. Six mois de salaire. »

Le visage de l'inspecteur principal se fendit d'un large sourire, dévoilant l'intégralité de sa dentition miniature. « Un battant ! Ça me plaît, ça. Autre chose ?

— Quelle que soit l'issue de l'enquête, je serai payé. »

La joue de l'inspecteur principal tressauta. « C'est d'accord. Mais je veux un rapport complet pour le ministre. Style… *Les Experts.*

— Entendu. Parlez-moi de l'affaire.

— Pas le temps. » L'inspecteur principal se pencha vers la gauche pour attraper sur son bureau un dossier qu'il tendit à Kayo. « Vous lirez ça sur la route. Garba vous servira de chauffeur. Bonne chance. » Il se pencha de tout son long en travers du bureau pour serrer la main de Kayo. Sa poignée de main était rêche, serrée comme un étau. « Garba ! »

Kayo se leva, entendit qu'on relayait l'appel dans le couloir, puis Garba se présenta. Il se mit au garde-à-vous près de lui, tandis que l'inspecteur principal Donkor aboyait ses ordres.

Kayo n'écoutait pas vraiment. Il tenait calé sous son bras gauche le dossier que l'inspecteur principal lui avait donné et regardait fixement par la fenêtre. La vue était la même que celle de la nuit précédente depuis sa cellule, mais comme le bureau de l'inspecteur principal se trouvait un étage plus bas, on ne voyait pas les palmiers onduler au gré du vent. Kayo se disait qu'il lui faudrait passer chez lui récupérer son kit d'expertise médicolégale. Nul doute que la police ghanéenne ne disposait pas du matériel dont il avait besoin. Il se demanda ce qu'il allait pouvoir dire à ses parents à propos de sa nuit d'absence, puis il se rappela qu'il avait été arrêté un mardi soir – son père était parti en mer après minuit, et sa mère s'était couchée tôt en prévision du marché du lendemain matin. Si la voiture revenait bien à sa place devant la maison, ils n'y verraient que du feu.

Kayo suivit Garba qui le mena, impassible, jusqu'aux portes du bâtiment. Il attendit devant l'entrée principale tandis que l'agent allait chercher une Land Rover Defender bleu foncé qui n'était plus de toute jeunesse. Garba se rangea et vint ouvrir la portière pour Kayo. « Par ici, saa'. »

Kayo fronça les sourcils, se glissa sur le siège passager.

« On va où, saa' ? demanda Garba, les mains sur le volant.

— Où est ma voiture ? » répliqua Kayo en étalant ses doigts en éventail sur le tableau de bord. Il venait de comprendre : Garba était à ses ordres.

« Dans la cour de derrière, saa'.

— Et mes clés ? »

De sa poche poitrine, Garba extirpa les clés familières.

« Très bien. Conduisez-moi à ma voiture, vous me suivrez jusque chez moi.

— Saa'... » Garba eut une hésitation, sa main

droite demeura un instant suspendue au-dessus du levier de vitesse. « J'ai ordre de vous déposer à Tafo d'ici trois heures. »

Kayo se tourna vers lui. « Garba, écoutez-moi bien. Il ne servira à rien d'arriver à Tafo d'ici trois heures si nous ne passons pas chez moi d'abord. Je sais que vous avez reçu des ordres, mais personne ici n'a la moindre idée de ce que je suis censé faire, sinon je ne serais pas là. C'est clair ? »

Sans un mot, Garba embraya et fit pivoter la Land Rover.

Lorsqu'ils passèrent devant l'université du Ghana à Legon, vers la sortie d'Accra, Kayo venait de terminer la lecture des documents que lui avait remis l'inspecteur principal. Il posa le dossier marron sur le tableau de bord et regarda le paysage défiler à toute allure. La savane disparaissait peu à peu, laissant place à une flore plus dense, d'un vert plus intense. Kayo percevait comme une fraîcheur nouvelle dans la brise. Il voulut ajuster la position du dossier de son siège mais n'y parvint pas : ça ne bougeait pas d'un pouce. Du coin de l'œil, il vit Garba qui l'observait, esquissant un sourire. Depuis que Kayo l'avait obligé à le suivre jusque chez lui pour garer la Golf et récupérer sa mallette, il n'avait pas décroché un mot. Ignorant son humeur maussade, Kayo avait préféré se concentrer sur sa lecture. La déposition de la personne qui avait découvert les prétendus restes – et dont le nom avait été systématiquement caviardé – ne présentait guère de cohérence ; le seul élément notable du récit était l'usage répétitif qu'elle faisait du mot *mal.* Le rapport de police était plus structuré, il comprenait une liste des personnes interrogées, notamment un villageois d'un certain âge nommé Opanyin Poku. Kayo raya mentalement les mots *vol, contrebande, trafic* et *fraude* de sa liste de délits possibles, et retint les mots *enlèvement* et *meurtre.* Même si le légiste appelé sur les lieux ne confirmait en rien qu'il s'agissait de restes humains, il lui fallait partir du principe que c'en était. Kayo s'affala sur son siège, soupira.

Tout à coup, Garba plongea la main sous le siège de Kayo, et le dossier s'abattit dans une brutale secousse.

Kayo foudroya l'agent du regard, essaya une nouvelle fois de régler la position du siège, avec succès cette fois. Il s'allongea et ferma les yeux. La touffeur moite de la forêt et le ronronnement du moteur turbo diesel s'intensifièrent. Même sans les connaître, Kayo essayait de distinguer les différentes odeurs de plantes. Il songeait aux défis à venir, espérait que la scène de crime n'aurait pas été trop piétinée. C'était étrange de se retrouver en mission, avec un chauffeur aux ordres, et tout ce temps pour tourner et retourner dans sa tête les détails de l'affaire en élaborant un plan d'action. À l'époque où il travaillait dans la police des West Midlands, il se rendait toujours seul sur les lieux. Comme il avait été d'astreinte pratiquement toute son année à Birmingham, il avait pris l'habitude de laisser son matériel en permanence dans la voiture. Jamais le temps de profiter du paysage sur ses trajets ; une voix de radio lui crachotait une adresse et aussitôt il partait, traçant sa route à travers une ville qu'il ne connaîtrait jamais. Une ville de cadavres et de cibles potentielles.

« Votre patron là, il aime les prostituées. »

Lentement, Kayo ouvrit les yeux et les posa sur Garba. « Pardon ?

— Votre patron. Vous saviez qu'il fréquentait les bordels ?

— M. Acquah ?

— Oui. Vous ne saviez pas ?

— Non. » Kayo haussa les épaules. « Et c'est avec ça que votre inspecteur lui a fait peur ?

— Eï ! Ne prononcez pas le nom de Donkor dans ce genre de conversation. » Garba s'épongea le front avec un mouchoir rouge. « C'est Mintah qui est responsable de tout l'opérationnel.

— Je vois.

— Votre homme Acquah là, c'est un peureux, hein ! Mintah l'a attrapé un soir dans Osu, en train de ramasser une fille.

— Ce n'est pas un crime de ramasser une fille, que je sache ?

— Saa', la fille là était vraiment jeune, hein. Quinze, seize ans à peine. Et la nuit d'avant, Mintah avait déjà vu Acquah emmener la go dans un hôtel bien connu…

— Donc vous l'avez inculpé ? Il sera jugé ?

— Ah, saa', vous savez comment ça se passe, non ? On a d'autres choses sur lui ; il a avoué qu'il avait fraudé le fisc et escroqué son associée. Une Belge. Hmm. L'homme avait peur seulement. Quand il parlait, c'était comme un cabri qui pleure !

— Et comment se fait-il qu'il soit encore en liberté ?

— Saa'...

— Appelez-moi Kayo. »

Garba hocha la tête et poursuivit. « Il nous est plus utile dehors. C'est un chef d'entreprise, on ne peut pas fermer son business comme ça. Les gens ont besoin de travailler.

— Je vois. » Kayo referma les yeux. Dans ses pensées, une multitude d'espaces gris. Oui, il était en quête de justice, mais il ne connaissait que trop le système. Aucun jury ne prendrait au sérieux une prostituée ; ce serait jeter l'argent public par la fenêtre, et sans doute cela réduirait à néant toutes les chances que pouvait avoir cette fille de mener un jour une vie normale. Les hommes comme M. Acquah tombaient parfois amoureux de ce genre de fille ; ils en faisaient leur maîtresse, et parfois même finissaient par l'épouser. D'une certaine manière, la police avait tendance à se cantonner à ce rôle de maintien de la paix sociale, un peu comme les anciens dans les villages pendant des siècles. Sauf que la police avait aussi tendance à céder à l'appât du gain : libre, nul doute que M. Acquah paierait ses arriérés d'impôts et qu'en plus il ne manquerait pas de vouer une reconnaissance éternelle au sergent Mintah qui lui avait évité la prison. Sa profonde gratitude s'exprimerait par des dons réguliers, des enveloppes à Noël et à Pâques, et autres faveurs.

« Monsieur Kayo, on est presque arrivés. »

Ils roulaient sur une voie récemment goudronnée et parfaitement entretenue, à la différence de la plupart des routes que Kayo avait pu emprunter dans cette région reculée de l'arrière-pays. Le feuillage des arbres descendait très bas et formait comme une voûte au-dessus d'eux, ne laissant passer qu'une mince bande de soleil. Kayo apercevait des palmiers à huile et des orties entre les troncs des grands arbres, mais en dehors de quelques acacias qu'il reconnaissait ici ou là, il n'aurait su dire quelles en étaient les essences. Ils se trouvaient au beau milieu d'une forêt luxuriante et vertigineuse. La densité des verts n'était qu'occasionnellement rompue par les couleurs éclatantes des fleurs, rouges, jaunes, blanches, et des fruits qui pendaient mollement aux branches.

Garba tapota l'épaule de Kayo pour lui montrer un arbre gigantesque aux grandes grappes de feuillage sombre. « Vous connaissez le nom de cet arbre ?

— Non. »

Garba gloussa. « Bediwunua. Son parfum, il paraît que si votre propre sœur en met, vous avez envie de la baiser. »

Kayo ne répondit pas. Garba le provoquait, il testait ses limites.

« Et qu'est-ce qui vous fait croire que vous pourrez résoudre cette affaire ? »

Kayo secoua la tête. « Je n'ai jamais dit que je pouvais la résoudre. J'ai dit que j'allais enquêter. Ce sont deux choses très différentes.

— C'est du temps perdu. Ofosu dit que les gens du village ne sont pas du tout coopératifs et n'ont aucun respect pour la police. Les interrogatoires ne mènent à rien. Je parie que vous ne parlez même pas la langue twi ?

— Ah. Je vois ce qui vous inquiète. Vous croyez que, parce que j'ai fait mes études à l'étranger, j'ai oublié ce que c'est d'être ghanéen ?

— Non, monsieur Kayo, c'est juste que je me demande... Toute une unité de neuf hommes n'a rien pu trouver là-bas, et maintenant ils nous envoient Monsieur-Un-Homme-En-Vaut-Mille. »

Kayo éclata de rire. « Garba, pourquoi croyez-vous que vous êtes ici ? On fait équipe. Ce n'est pas ainsi que j'envisageais de collaborer avec la police, mais nous avons un travail à faire, et j'ai besoin de votre aide. Je ne suis pas Monsieur-Un-Homme-En-Vaut-Mille. »

Garba se tut et bifurqua, quittant la route goudronnée pour s'engager sur une piste de terre battue.

Ils arrivèrent dans une clairière où était assis un homme, qui tenait collé contre son oreille un poste de radio. Il avait la peau très foncée, le crâne rasé, et bien qu'il eût les muscles effilés et nerveux d'un coureur de fond, Kayo lui donnait environ soixante-cinq ans. Il se tenait à l'ombre d'un grand tweneboa derrière lequel on apercevait un petit village planté d'arbres çà et là. Kayo reconnut des palmiers éventail et des neems. Le vieil homme était assis sur un tronc de palmier couché au sol. Lorsque Garba arrêta la Land Rover, l'homme se leva et vint scruter l'intérieur du véhicule. Quelques secondes plus tard, une ribambelle d'enfants encerclait la voiture en chantant. Un policier à l'allure souple et longiligne, dont le teint de peau rappelait la couleur des enveloppes de maïs séché, émergea d'un groupe de cases vers la droite du village. Il brandissait avec désinvolture un fusil semi-automatique ; il avait les yeux rouges et gonflés.

S'approchant des nouveaux venus, il exécuta un semblant de salut et serra la main de Garba. « Alors, Garba, tu nous ramènes le diplômé ? »

Garba acquiesça d'un signe de tête et se tourna vers Kayo. « Monsieur Kayo, je vous présente l'enquêteur Mensah. » Puis il se retourna vers son collègue. « Où est la scène de crime ? »

Mensah fit un geste en direction de l'endroit d'où il avait surgi et se mit en marche.

Tapotant le bras de Garba, Kayo lui enjoignit d'attendre. Il se dirigea vers le vieil homme, qu'il salua en langue twi.

« Egya, je vous salue. »

L'ancien sourit, exhiba une belle rangée de dents bien solides, un petit bâtonnet à mâcher au coin des lèvres.

« Et je te retourne le salut. » Il prit entre les siennes la main que Kayo lui tendait.

« Pardon de vous déranger, mon nom est Kayo, et je suis venu faire un travail avec la police. Pourriez-vous me conduire auprès du chef du village pour lui demander son autorisation ?

— Comment tu dis qu'on t'appelle ?

— Je m'appelle Kayo.

— Est-ce que c'est ton nom de naissance ?

— Non, Egya, mon vrai nom est Kwadwo Okai Odamtten.

— Alors je t'appellerai Kwadwo. Moi, on m'appelle Opanyin Poku. » L'ancien hocha la tête, sans lâcher la main de Kayo. « D'où vient ta mère ?

— Elle est née à Accra, mais son père était de Kibi. »

L'ancien hocha encore la tête, puis il fit signe à Kayo de le suivre.

Garba leur emboîta le pas.

La case où les conduisit Mensah, quelque temps plus tard, était entourée d'un cordon de sécurité de fortune, fabriqué avec des bandes de tissu clair nouées à des pieux taillés dans les arbres et les buissons environnants. À l'extrême gauche de ce périmètre se dressait une tente bleu foncé devant laquelle était posé un réchaud de camping.

En approchant de l'entrée de la case, Kayo s'arrêta et posa sa mallette en équilibre sur ses genoux. Il sortit un paquet de petites étiquettes numérotées et trois paires de gants, en tendit une à Mensah, une autre à Garba. Ils les enfilèrent d'un air terriblement méfiant. À moins que ce ne fût du dégoût ? Kayo n'était pas sûr. Il enfila la troisième paire et referma sa mallette d'un coup sec. À gauche de l'entrée, il y avait un tas de charbon de bois et quelque chose qui ressemblait aux débris d'un récipient en terre cuite. Kayo perçut aussitôt la fameuse puanteur dont le rapport faisait état ; cela lui rappela les restes nauséabonds d'un cadavre de rat qu'il avait un jour retrouvé dans le sous-sol de son appartement de Birmingham.

Sourcils froncés, Garba se pinça le nez.

Kayo s'accroupit devant les débris de poterie et marqua l'emplacement du tas de charbon d'un premier repère numéroté. « Garba, pouvez-vous me dire combien vous comptez d'éclats de poterie ?

— Oui, saa'.

— Il ne faut pas les déplacer, surtout. Juste les repérer. » Au pied de la natte de raphia suspendue à l'entrée de la case, Kayo aperçut une pierre noire luisante. Il releva la tête et demanda à Mensah : « Qu'est-ce que c'est ?

— Ça, c'est une pierre de Bosumtwi.

— Elle vient du lac ?

— Oui. Du cratère. Avant, c'est ça qu'on mettait dans les réserves d'eau, pour la rafraîchir. Les débris près de l'entrée sont ceux du canari à eau. »

Kayo nota pour lui-même que Mensah, en parlant, élidait les « r », mais qu'il avait l'air instruit. Opanyin Poku avait raconté à Kayo que cette case appartenait à un planteur de cacao nommé Kofi Atta, et que ce dernier y vivait seul. Kayo s'attendait donc à ce que le relevé des empreintes fût très aisé. « Garba, combien de débris de poterie trouvez-vous ?

— Dix-sept.

— Numérotez-les, s'il vous plaît. »

Kayo lui tendit une série d'étiquettes numérotées de deux à dix-huit.

« Pour quoi faire, saa' ? On sait déjà que son canari à eau s'est cassé, non ? C'est dans le rapport d'enquête. Il faut faire vite, hein. Ça pue comme l'eau du Korle, ici. »

La petite remarque de Garba fit sourire Kayo : sa propre maison familiale, à Nyɛmashie, se trouvait à deux pas des rives de la lagune Korle.

« Garba, je travaille d'une autre manière. J'ai besoin de rassembler beaucoup plus d'éléments de détail. Je vous expliquerai tout ça quand on aura fini d'investiguer. » Kayo se tourna vers l'autre policier. « Mensah, vous savez faire les relevés d'empreintes digitales à la poudre ?

— Bien sûr ! » dit Mensah en hochant la tête avec enthousiasme.

Kayo ouvrit sa mallette. « Prenez tout ce qu'il vous faut là-dedans, occupez-vous de la pierre, puis numérotez-la, s'il vous plaît.

— Pas de problème. »

Kayo sortit de sa mallette une lampe de poche, ainsi que sa torche UV. Il les glissa toutes les deux dans la poche arrière de son large pantalon de treillis brun clair, cala sur son front une paire de lunettes filtrantes et attrapa son reflex numérique. « Mensah, vous avez fini avec la pierre ?

— Oui. Pas d'empreintes digitales.

— Très bien, remettez-la en place et venez ici. Garba, ramassez la mallette, s'il vous plaît, et venez aussi. » Kayo prit six clichés, de trois angles différents, puis tapota l'épaule de Garba. « Pouvez-vous mesurer les distances séparant les différents indices en les situant par rapport aux bornes du périmètre de sécurité ? »

Garba fronça les sourcils. « Aux bornes ?

— Aux extrémités : nord, sud, est, ouest. »

Garba hocha la tête.

« Quand ce sera fait, vous mettrez chaque indice dans un sachet, avec son numéro. Mensah, voyons voir l'intérieur. » Kayo réprima un haut-le-cœur en franchissant le seuil de la case. Mensah lui emboîta le pas. L'infecte puanteur lui fit monter les larmes aux yeux. Puis il sortit sa lampe de poche et balaya l'intérieur de la case du faisceau lumineux. Le sol de terre battue portait les empreintes des bottes des policiers. Un peu agacé, Kayo ne fut cependant pas surpris car il avait déjà repéré dehors ces empreintes qui menaient jusqu'à l'entrée de la case.

À sa gauche, il y avait une marmite en terre cuite surmontée d'une calebasse, quelques pagnes pliés posés à même le sol, et en face de la porte une petite ouverture masquée par une natte. Par terre, sur une autre natte, gisait une masse informe. Sans doute les prétendus restes humains, se dit-il. À sa droite, sur une table basse flanquée d'un petit tabouret, un peu de nourriture : deux tubercules d'igname, un tas d'oignons minuscules, des racines de gingembre et un tout petit panier de tomates qui commençaient à pourrir. Une assiette émaillée vide et deux casseroles étaient rangées sous la table. Kayo remit la lampe de poche dans sa poche et ajusta ses lunettes filtrantes. Il régla la fréquence de sa torche UV sur 450 nanomètres. Il ne détecta des fluides corporels qu'à deux endroits : près de l'entrée et tout autour des restes, au milieu de la case. Aucune éclaboussure de sang. Il enleva ses lunettes et ramassa une pincée de terre battue du côté de l'entrée. Ça sentait l'ammoniaque. L'urine. « Mensah, qu'est-ce que c'est, d'après vous ? »

Mensah s'approcha, huma. « De la pisse, dit-il en fronçant les sourcils. Mais comment vous avez fait pour trouver ça ? »

Kayo lui tendit ses lunettes filtrantes et la torche UV.

« A-Ah ! Mais tout est bleu bleu ici. Et je peux même voir la trace de la pisse. Depuis l'entrée de la case jusqu'au milieu de la natte. Ça là c'est trop fort paaa ! »

Kayo rit. « C'est un procédé qui porte le nom de Blue Merge Technology, mais moi j'appelle ça la technologie des billets verts parce que ça coûte la peau des fesses… Mesurez-moi la longueur de la traînée d'urine, s'il vous plaît.

— Tout de suite. »

Ils travaillaient en silence, prenant des mesures, numérotant chaque objet. Kayo monta un filtre de sa fabrication sur l'objectif du reflex et photographia les images détectées par la torche. Il avait conscience qu'il ne cessait de différer le moment de s'occuper de cette chose gisant au milieu de la natte, mais il se disait qu'il lui fallait de toutes les façons établir au préalable un relevé détaillé des indices environnants. Cela faisait plus d'un an qu'il ne s'était pas retrouvé sur une scène de crime, et il n'était pas certain d'être aussi à l'aise qu'il l'avait été. Finalement, il demanda à Mensah de relever la natte qui masquait la fenêtre pour prendre des photos de l'intérieur de la case à la lumière du jour, afin de disposer d'images de contrôle à comparer avec celles qu'il avait prises au flash.

Dans la lumière éclatante du soleil, Kayo vit une nuée de mouches s'envoler des restes gisants. Quand il se rapprocha, il s'aperçut que la masse sanguinolente était infestée d'asticots. Des larves de mouches, assurément, mais d'une espèce qui lui était inconnue, si bien qu'il n'aurait su dire depuis combien de temps elles se trouvaient là. Il se dit qu'Opanyin Poku, l'ancien, le chasseur, pourrait peut-être l'aider. Kayo hocha la tête, prit un dernier cliché de la chose, en gros plan, et se releva. « Mensah, faites venir le chasseur, s'il vous plaît. »

J'étais assis sous l'arbre tweneboa quand il m'a fait appeler, le *diplômé,* celui qu'on appelle Kwadwo. Il a envoyé le grand *policeman* teint clair aux yeux rouges me chercher pour que je le retrouve à la devanture de la case de Kofi Atta. Le grand *policeman* teint clair là, l'homme du peuple ga, celui qu'on appelle Mensah, il avait passé trois nuits dans notre village à surveiller la case de Kofi Atta comme un hibou, et il fumait seulement. Il n'a parlé à personne, mais tout ce temps ses yeux rouges traînaient partout dans le village. Chaque matin, ils envoyaient une voiture avec un autre *policeman* dedans pour venir surveiller la case de Kofi Atta pendant la journée, et le teint clair dormait dans une *tente* près de la case. C'est pour ça que j'ai été surpris quand le *diplômé* Kwadwo est arrivé. Je croyais qu'il n'y avait plus d'histoire à raconter. Ce que je dis, sɛbi, c'est que j'ai bien entendu Sargie dire que le *diplômé* devait arriver le jour de dwowda, mais quand dwowda est venu, c'est un gros *policeman* chauve qui est arrivé pour surveiller pendant que le teint clair dormait. Et quand benada est venu aussi, même chose. Donc, quand wukuda est venu, je n'y pensais même plus, mais si j'avais bien regardé j'aurais vu tous les signes, comme au temps où j'allais en forêt et là-bas les fourmis cherchaient leur abri façon façon comme si la pluie va tomber bientôt. Ce que je dis maintenant, c'est que lorsque le *diplômé* Kwadwo m'a fait appeler là, le jour avait avancé paaa ! C'était l'après-midi déjà, et la pluie n'avait pas commencé à tomber. Sɛbi, plus tard je comprendrais pourquoi, mais dans ce moment je n'y pensais pas.

Eï, Kwadwo. On pouvait voir que sa mère lui avait bien appris les choses. Quand il est arrivé, il m'a salué comme on doit saluer un Aîné (pas comme l'autre Sargie là). Il m'a appelé Egya, et il a demandé à voir notre chef comme il se doit. Nana Sekyere l'a reçu comme il se doit et lui a donné la permission, sɛbi, de faire ce qui était nécessaire pour apporter la paix dans la case de Kofi Atta. Hmm, c'est vrai que sur le chemin pour aller voir Nana Sekyere, j'ai vu les trois garçons qui portaient du bois pour le père d'Oforiwaa, et là j'ai pris peur qu'il me demande après eux, mais chance il regardait quelque chose par terre. Les trois là sont devenus très forts et musclés ; ils sont vraiment les hommes les plus forts du village mais, sɛbi, comment on va faire pour expliquer leur existence ? C'est ça qui me tracassait dans ce moment, mais je pense que Kwadwo lui-même pensait à ce qu'il allait dire à Nana Sekyere. Je jure sur ma jambe, sa façon de parler là, c'est comme s'il avait vécu toute sa vie ici chez nous. Eï, Kwadwo ! Voilà pourquoi il est dit que le crabe qui vit près du ruisseau connaît bien les manières de l'eau.

Donc, j'étais assis près de l'arbre tweneboa quand il m'a fait appeler, ce garçon Kwadwo dont la mère vient de Kibi. Quand moi-même je suis arrivé devant la case de Kofi Atta, j'ai vu que la devanture avait changé. Et j'ai dit, Eï ! L'obsidienne du canari était partie, le tas de bidie aussi était parti, et deux poulets étaient en train de gratter la terre. Là, j'ai levé le kɛtɛ qui ferme la case, et je suis entré. Et j'ai senti encore l'odeur du vin de palme de Kofi Atta (maintenant, ça sentait comme akpɛtɛshi – très fort), mais ce qui était devant mes yeux là, c'était vraiment beau à voir. Le *diplômé* Kwadwo et le *policeman* Mensah avaient déposé des marques, petit petit et brillantes, avec des nombres dessus, partout dans la case. Tout avait un nombre, sɛbi, tout, même la chose qui était sur le kɛtɛ de Kofi Atta.

Le soleil remplissait la case, et Kwadwo était agenouillé, sɛbi, agenouillé à côté de la chose qui ressemblait à un petit otwe qui vient de naître. C'est vrai que ça là, je ne savais pas comment dire. (Même quand je parlais à mon épouse Mama Aku, j'appelais ça la chose parce que, la vérité, je n'avais jamais vu quelque chose comme ça avant dans ma vie.) Comme disent toujours nos Sages, ce n'est pas le nom qui change la nature de l'animal. Quand j'ai regardé les mains de Kwadwo, il était en train de porter une petite bouteille et quelque chose qu'il a appelé *pince-fine*. Il m'a fait signe de venir, donc j'ai marché autour des petites marques par terre pour aller rester debout à côté de lui. Il avait une grande valise ouverte, avec beaucoup de choses vraiment étonnantes à voir dedans, mais il a levé la petite bouteille pour me montrer, donc je n'ai pas eu moyen de regarder dans la valise bien bien. Dans la bouteille, il y avait un ver blanc gros gros, comme les vers qui vont donner wansima.

Kwadwo a serré ma main. Opanyin Poku, vous aviez déjà vu ceci avant ?

Ah. Ça là, je vois ça toujours. Ça vient de wansima.

Il a dit oui avec sa tête, et il a pointé son doigt vers la chose. Dans le rouge là, il y avait les vers blancs gros gros qui couraient partout apem apem. Kwadwo m'a demandé, Combien de temps il leur faut pour devenir comme ça ?

Je me suis agenouillé à côté de lui pour regarder la chose de plus près.

Kwadwo a dit, Pas si près, ça pue.

Et j'ai dit, Pas du tout, ça ne pue pas.

Son front s'est plissé, et il a dit, Ah, je vois…

J'ai attendu pour voir si Kwadwo voulait parler encore, mais il a fait silence, et il a pointé ses yeux vers le kɛtɛ. Donc j'ai dit, J'ai vu ces créatures dans des animaux morts, et c'était trois jours après leur mort. Même si ça dépasse un peu, quatre jours.

Il a secoué sa tête, et il a parlé pour lui-même en anglais. *Était-ce encore vivant ?*

J'ai touché son épaule. Vous avez trouvé quelque chose ?

Il a secoué sa tête et il s'est tourné vers la porte, où le *policeman* teint clair attendait. *Si l'on s'en tient à ce que dit* Opanyin Poku, *l'âge de ces larves indique que cette chose aurait pu être vivante au moment de sa découverte.*

Le grand teint clair a dit, *Impossible, Kayo. C'est impossible.*

Kwadwo a ri. *Impossible ? Qui sait… L'expérience m'a enseigné qu'en général le mot improbable convient mieux. Venez m'aider.* Il a pris un sac qui était sur son dos, il a sorti une bouteille que les gens utilisent pour garder leur *thé* chaud, avec une petite boîte qui avait la même couleur, et il a tout déposé à côté de lui-même.

Le grand *policeman* teint clair Mensah est venu se mettre accroupi devant nous, et Kwadwo lui a passé une *seringue,* la chose que les *docteurs* utilisent là, une bouteille transparente petit petit, et il a dit, *échantillons de fluides.* Kwadwo lui-même a sorti un couteau très aiguisé, il a coupé quelques morceaux de la chose et il a mis ça dans des bouteilles avec des fermetures couleur blanc. Les deux portaient des *gants,* mais quand ils ont fini de mettre les *échantillons* dans les bouteilles, Kwadwo a sorti des *lunettes,* il a mis ça devant ses yeux et après il a ouvert la bouteille que les gens utilisent pour garder leur *thé* chaud. C'est là que j'ai vu qu'il y a encore des choses à voir dans ce monde ! Ce que Kwadwo a sorti de la bouteille pour le *thé*, c'était de la fumée seulement. Dans la petite boîte qui avait la couleur de la bouteille pour le *thé*, Kwadwo a rangé les bouteilles petit petit qui avaient les *échantillons* dedans et il a versé un peu de fumée dessus. La fumée a commencé par bouillir avant de se calmer, et il a fermé la boîte. Et puis il a demandé à Mensah de lui passer quelque chose, et il a ouvert les deux bouteilles petit petit avec le liquide qui était sorti de la chose, et il a pris un peu un peu dans chaque bouteille pour mettre sur un morceau de *verre* qui était fin comme la feuille du bananier. Il a mis un peu un peu sur du papier aussi. Des morceaux de papier petit petit qui ne vont même pas tenir ton nom si tu écris dessus. J'ai cru qu'il m'avait oublié, mais il s'est tourné pour me regarder les yeux et dire qu'ils faisaient des *tests* seulement. Et puis, il a pointé vers le kɛtɛ pour dire, Quand on aura fini, on pourra s'occuper de ça.

J'ai dit yooo, et je lui ai demandé ce qu'il voulait faire avec le papier et le *verre*.

Ça sert à faire des tests de *chromatographie*, rien de compliqué, et aussi des examens au *microscope*. Il a pointé vers un *tube* dans la grande valise.

J'ai dit yooo encore, et après ça je me suis tu parce que je ne comprenais pas, mais je savais que j'allais le questionner plus tard. Je les ai regardés seulement, lui et Mensah ; ils utilisaient de l'eau et des papiers qui changeaient leurs couleurs, et Kwadwo écrivait dans un *calepin* qui avait la couleur de la feuille du manioc. Vraiment, il était comme notre féticheur

Oduro quand il s'assoit dans sa case pour écraser des feuilles et des écorces pour les mélanger à l'eau des plantes et faire des boissons et des savons et des crèmes qui vont guérir les malades. Quand tu es en train de regarder Oduro là, tu ne vas jamais comprendre ce qu'il est en train de faire, mais quand même c'est lui que tout le monde va consulter. Nous avons foi en lui. C'est ça que je pensais dans mon ventre en regardant ce garçon Kwadwo dont la mère vient de Kibi, là où l'or se cache sous la forêt.

Donc j'étais là (et je pensais aussi à mon vin de palme) quand Kwadwo a fini son travail et sorti son *appareil* pour faire des *photos,* et quand il a demandé à Mensah de venir prendre la petite boîte qui avait la couleur de la bouteille pour le *thé,* et d'emmener ça jusqu'à Accra pour continuer les *analyses,* et quand il a envoyé l'autre *policeman* Garba chez Oduro pour lui demander quoi faire maintenant avec la chose. Quand j'ai vu ce que Kwadwo a fait comme ça, j'ai pensé que le garçon là connaît vraiment le respect. Comme j'ai déjà dit quand j'ai commencé à raconter cette histoire, la chose qui était dans la case de Kofi Atta là, on ne doit pas regarder ça si on ne possède pas les pouvoirs qu'il faut, et c'est Oduro seul qui sait traiter ce genre d'affaire. Si nous voulons sortir de ce problème qu'une fille dans sa jupe petit petit comme ça et ses jambes maigres a apporté chez nous, c'est Oduro qui sera notre meilleur guide. Voilà pourquoi j'étais content quand le garçon Kwadwo a demandé à consulter notre féticheur.

L'autre *policeman* Garba est revenu en courant, et

il a commencé à crier quand il est entré dans la case. Oduro a dit on va metté ça dans feu avant que soleil là va parti parti ooo !

Et là, Kwadwo a levé sa tête. Garba ?

Pardon saa', Oduro a dit qu'on doit brûler les restes humains avant que le soleil se couche.

Garba, *ça m'est parfaitement égal que vous parliez en pidgin, en twi, ou en anglais. Je veux juste savoir pourquoi vous courez.*

C'est vrai que l'homme là, on pouvait voir sa peur. Ses mains s'agitaient comme les wansima dans la case. Moi-même je voyais que le Garba là (un grand grand bien noir, un homme du Nord) avait foi dans nos coutumes anciennes, donc il avait bien gardé dans son oreille la parole d'Oduro. A-Ah, saa' ! Seize hè a frappé déjà ooo. Soleil là va parti parti derriè toussuite nooon ?

Ok... Garba, c'est quoi le féticheur a dit encore ?

Il dit... Il m'a regardé d'abord, et il m'a demandé, Opanyin Poku, vous connais champ pour Asare non ?

Oui. Jé connais là bien bien.

An-han. Oduro a dit, si tu va passé dévant champ pour Asare là, avant même que tu va voit abre kapok pour Nana Sekyere, tu va régadé gauche pour voit deu abres prɛkɛsɛ, et tu va régadé droite encore pour voit troi abres kwaseadua avec loofah déssus en haut.

J'ai dit oui avec ma tête. (Je connais l'endroit. C'est non loin de là où ma mère, sɛbi, avait sa ferme avant.) J'ai dit, Y a chémin là quand tu vas régadé droite derriè abre kwaseadua.

E-Eeeh ! Le garçon Garba a dit non avec sa tête.

La sueur était venue sur sa figure, et il brillait lisse comme le poisson. Il dit faut pas prend chémin là ! Il dit faut prend chémin entre prɛkɛsɛ et allé in pé dévant, et on va voit bambou grand grand. C'est là on va rentré dédans.

Là, Kwadwo s'est levé pour dire, C'est quoi on attend ici même ? Garba, viens m'aider avec la chose. Opanyin, voulez-vous bien nous accompagner s'il vous plaît, pour nous indiquer le chemin ?

Donc je les ai regardés rouler la chose dans le kɛtɛ comme les gens roulent leur *cigarette.* Kwadwo a fait une autre *photo* et il a dit, *Aucun écoulement, c'est intéressant.* Et nous sommes partis comme ça. Le soleil plongeait déjà en bas du monde, et pendant que nous marchions j'ai vu les oiseaux s'envoler dans le rouge du ciel pour retourner chez eux. Comme s'ils avaient tous du feu dans les ailes ; aburuburu, calaos, hirondelles, akroma et souïmangas, tous embrasés comme les étincelles qui s'envolent du braséro de mon épouse quand elle attise le feu bien fort avec son éventail. À cette heure, devant toutes les cases, les femmes et les enfants étaient déjà rassemblés autour du feu. Nous avions vraiment passé beaucoup de temps dans la case de Kofi Atta. (Je n'avais même pas pu écouter ma *radio* depuis que le *policeman* Garba était arrivé avec Kwadwo. Et je suis sûr que *Sunrise FM* était en train de jouer Jewel Ackah – j'aime tellement la musique de ce garçon.) Ma mère me disait toujours qu'il est bon de terminer ce qu'on doit faire avant le départ du soleil ; ainsi, son départ n'est pas la fin de la journée mais le commencement de la nuit.

Le soleil plongeait en bas du monde quand nous sommes partis chercher les arbres *bambou* que le féticheur Oduro nous a indiqués. Je me souviens, j'ai regardé le ciel et j'ai dit, Bientôt les chauves-souris vont peupler l'air de leur aveuglement.

Kayo et Garba se laissèrent guider par Opanyin Poku jusqu'à la sortie du village. Ils portaient chacun à bout de bras une extrémité de la natte enroulée autour des restes découverts dans la case de Kofi Atta. En riant, Opanyin Poku leur fit remarquer que Kofi Atta habitait vraiment tout près de chez Kwaku Wusu, le malafoutier du village. Juste après la case de ce dernier, sur la droite, il y avait la concession d'Asare le cultivateur, puis un sentier de terre qui les mena jusqu'à une ouverture dans une étroite haie vive récemment plantée, vers la périphérie du village, au-delà du champ d'Asare, du côté de la concession du chef.

Kayo ne se rappelait pas avoir vu cette haie quand il avait longé le champ pour rendre visite au chef du village la première fois, mais déjà Opanyin Poku commençait de leur expliquer qu'elle était constituée de kaagya, un arbuste qui avait la particularité de repousser les serpents et aussi de bloquer les feux.

« C'est ça que nous avons planté autour de la concession de Nana Sekyere », ajouta l'ancien.

Kayo hocha la tête en scrutant les alentours,

promenant son regard des deux côtés du sentier pour tenter de repérer des détails qui lui auraient échappé la fois précédente. Quatre cases se trouvaient être plus proches de la haie de séparation que ne l'était celle de Kofi Atta. Trois d'entre elles, celle de Kwaku Wusu, celle d'Asare et celle du chasseur, étaient placées là parce que, supposa-t-il, leurs habitants exerçaient leur activité au champ ou en forêt, tout comme Kofi Atta ; mais il se demanda qui pouvait bien habiter dans la quatrième. Il pressa le pas pour rejoindre Opanyin Poku, obligeant Garba, qui portait l'autre extrémité de la natte roulée, à accélérer l'allure lui aussi. « Opanyin, qui habite dans cette case juste à côté de la vôtre ?

— Ah… Tu as vu la fillette qui est sortie de là en chantant quand tu es arrivé, non ? An-han. C'est sa maison. Son père est notre menuisier. C'est lui qui a fabriqué le petit tabouret que tu as vu dans la case de Kofi Atta.

— Mmm… Un bon tabouret. » Kayo sourit. Il tournait et retournait dans sa tête tout ce qu'il avait appris jusque-là et ce qui lui restait à faire. Il était presque sûr – sans attendre la confirmation du laboratoire d'Accra – que ces restes n'étaient pas de la matière placentaire, et il était absolument certain qu'il ne s'agissait pas d'un crime violent. Quelque chose était mort, c'était irréfutable, mais de cela, il ne savait que faire. Bien sûr, il allait analyser les indices et tâcher d'établir une chronologie pour se faire une idée de ce qui s'était passé dans cette case, mais pour le moment il lui fallait à tout prix découvrir ce que les gens du village savaient. De nombreuses bizarreries attisaient sa curiosité. Et pour commencer, si cette chose n'était vraiment pas de la matière placentaire, qu'était-ce au juste ?

« À droite ici. » Le chasseur leur indiqua dans la brousse une trouée entre deux arbres – hauts de presque quinze mètres, chargés d'épaisses hampes de fleurs jaune-vert en grappes suspendues, qui exhalaient un parfum aux effluves de miel et de mangue trop mûre.

Alors qu'ils se frayaient laborieusement un passage entre les arbres, Kayo fut pris d'un vertige et secoua la tête pour retrouver ses esprits. Sitôt qu'ils émergèrent dans la clairière, de l'autre côté des prɛkɛsɛ, il aperçut la bambouseraie. C'était un large boqueteau assez élevé, d'environ huit mètres de diamètre, envahi de nids de tisserins dont le poids rabattait au sol les tiges de bambou, les faisant ployer comme autant de vagabonds accablés de fardeaux. Le taillis était dense et serré ; Kayo ne voyait pas comment pénétrer jusqu'en son milieu, comme le féticheur leur avait enjoint de le faire, à moins de couper quelques tiges.

Opanyin fit alors remarquer que si Oduro ne leur avait pas demandé de couper, c'était qu'ils ne devaient rien couper. « Quand Oduro parle, Oduro a parlé », insista le chasseur.

Garba laissa tomber au sol son chargement et s'éloigna un peu pour reprendre son souffle. Kayo s'accroupit près de la natte à terre.

Soudain, Garba s'arrêta net : « Jé vois lui ! Jé vois chémin ! » Il désignait une autre portion tout aussi impénétrable du taillis.

Kayo le rejoignit et vit un sentier qui pénétrait à angle aigu dans la végétation. Il se faufila entre les bambous et suivit la piste. L'anneau d'arbres était dense, son épaisseur d'au moins vingt pieds de bambou. À l'intérieur, le sentier était taillé en zigzag, si bien que, vu de loin, le boqueteau avait l'air totalement clos. La terre était meuble et noire, elle se tassait sous les pieds. Parvenu à mi-chemin, Kayo revint sur ses pas pour retrouver Garba et Opanyin Poku.

Les trois hommes s'enfoncèrent ensemble vers le centre de la bambouseraie ; Opanyin Poku menait la marche, Kayo et Garba suivaient, portant toujours à bout de bras la natte roulée. Le sol était couvert d'un tapis d'herbe jaunie, un palmier éventail gisait par terre au centre de la clairière, près de sa souche, reluisant dans la lumière des tout derniers rayons de soleil.

Garba frappa dans ses mains. « Hé, hé, il a dit on va fait brulé ça avec abre coupé en bas ici et on va méné feuilles d'en haut qui reste pour metté ça au village. »

Kayo était vaguement perturbé par le fait que tout cela semblait avoir été préparé à l'avance. Si le sentier qui conduisait à l'intérieur de la bambouseraie était ancien, les branches du palmier, elles, avaient l'air fraîchement coupées. Sans compter qu'il était rare de voir un palmier comme ça tout seul ; en général, il y en avait au moins un deuxième à quelques mètres. Kayo soupira, haussa les épaules et se tourna vers Garba. « Tu veux dire qu'on doit le brûler sur cette souche ?

— Oui, saa'. »

Kayo tira son calepin de sa poche. Il avait remarqué qu'Opanyin Poku se tenait un peu à l'écart, les bras croisés sur la poitrine. « Opanyin, tout va bien ? » Kayo arracha une page de son calepin.

« Tout va bien, Kwadwo. Je vous laisse simplement faire votre travail. Moi, je suis juste venu vous montrer le chemin.

— Entendu. » Kayo se pencha au-dessus de la souche, froissa le morceau de papier dans sa main et l'enfonça dans une cavité au cœur de la souche.

Garba lui lança un briquet.

Kayo s'interrompit, inclinant la tête. « Garba, est-ce que le tronc est lourd ? »

Garba essaya de soulever le tronc du palmier abattu. Les yeux exorbités dans l'effort, il articula : « Pa-pa-paaa, ça là c'est lourd hein !

— Alors il va peut-être falloir qu'on le traîne », en conclut Kayo.

Lorsque la natte s'embrasa, Kayo et Garba firent ensemble un grand bond en arrière ; les flammes en jaillissaient comme si elle avait été inondée de pétrole. Lentement, une épaisse fumée blanche envahit le bosquet, imprégnant l'air d'une odeur de muscade, de miel et de thym. Un froissement d'ailes fit sursauter Kayo, qui n'avait pourtant pas le souvenir d'avoir vu des oiseaux dans les nids alentour. Quand la fumée se dissipa, Kayo se rendit compte qu'Opanyin se tenait maintenant tout près d'eux devant la souche. Ainsi postés, ils étaient comme les trois pointes d'un triangle délimitant l'endroit où la natte, son contenu et la souche avaient brûlé jusqu'à la cendre. Comme si rien de tout cela n'avait jamais existé. Garba souriait, et un ultime rayon de soleil colorait ses cheveux d'un rouge intense, lui donnant l'air d'une apparition. Kayo se sentait tout étourdi. Lorsqu'il leva les yeux vers le dernier reste de lumière, une pluie fine se mit à tomber. « Nous ferions mieux de partir », dit-il.

Opanyin Poku acquiesça.

Garba entreprit de soulever le palmier abattu. Kayo, ébahi, le regarda hisser sur son épaule le tronc tout entier et ses branches palmées et, ainsi chargé, se diriger vers le sentier zigzagant.

Le village était illuminé par les feux de charbon. Devant l'entrée de chaque case, une famille était installée, bavardant, riant et attisant les flammes sous le repas qui mijotait. La nuit soudaine, et le sol sec qu'ils avaient foulé en ressortant de la bambouseraie, plongeaient Kayo dans la plus grande perplexité. Le village, lui non plus, ne semblait avoir subi aucune précipitation. Ils trouvèrent la Land Rover garée au centre du village, près de l'arbre tweneboa. Mensah était donc de retour. Kayo en fut soulagé ; il avait envie de rentrer à Accra le plus vite possible pour rassurer ses parents. Il avait tenté de les joindre au téléphone mais il n'y avait pas de réseau.

Suivant les instructions d'Oduro, Garba laissa tomber le palmier devant la case de Kwaku Wusu, puis il essuya ses mains crasseuses sur son uniforme.

Après avoir accompagné les deux hommes jusqu'à la case de Kofi Atta, Opanyin Poku leur proposa d'aller boire du vin de palme chez Akosua Darko.

« Ah, oui ! dit Garba.

— Je ne crois pas, non, répliqua Kayo. Il faut que je rentre travailler à Accra.

— Ah… saa', dit Garba avec un sourire, c'est quoi vous va fait dans cette nuit même ? Dix-neuf heures a frappé déjà non ?

— Allons rassembler nos affaires », rétorqua simplement Kayo en relevant la natte à l'entrée de la case de Kofi Atta. Une nuée piaillante de tisserins s'en échappa à tire-d'aile, le faisant tressaillir. Il recula d'un bond, la main toujours agrippée à la natte. Dans le ciel, le nuage gris des oiseaux bifurqua en direction du champ d'Asare.

Garba éclata de rire en se donnant des claques sur le ventre. « Eï, les choses étonnantes ne cesseront jamais ! »

Opanyin Poku demeurait silencieux, imperturbable. Un soupçon de sourire errait sur son visage.

Un instant, Kayo s'interrogea sur le curieux comportement de Garba, puis il entra dans la case. Il plongea les mains dans ses poches pour y attraper la torche. D'un coup d'œil circulaire, il s'assura que tout était demeuré intact ; seule une plume bleue gisait sur le sol, à l'endroit où les restes avaient été retrouvés. Kayo ramassa la plume et l'apporta à

Opanyin Poku dehors. « Opanyin, savez-vous sur quel oiseau on trouve cette plume ?

— Hmm. » Le front du chasseur se creusa de sillons.

« Quelque chose vous préoccupe ?

— Oh, non… rien. Mais l'oiseau là… habituellement on le voit seulement à Atewa. C'est un guêpier. On le respecte parce qu'il se nourrit de ce qui pique.

— Je vois. » Kayo récupéra la plume, qu'il glissa entre deux pages de son calepin.

Garba posa la main sur l'épaule de Kayo. « Saa', vous-même vous avez vu, non ? Il reste encore beaucoup de choses à découvrir ici. On n'a qu'à rester ce soir, et on va partir demain matin. »

Kayo sourit. « Garba, vous dites ça à cause du vin de palme.

— Non, saa', si je dis ça là, c'est parce que je connais bien la route ; ce n'est pas bon de rouler la nuit. Pas d'éclairage, pas de bandes réfléchissantes au sol.

— Vous venez boire avec nous », déclara solennellement Opanyin Poku.

Kayo leva les yeux au ciel et soupira. « Garba, pouvez-vous passer un appel radio pour qu'on transmette un message à mes parents ? »

Le corps de Garba tout entier fut secoué d'hilarité. « Ah ! saa' ! La voiture là, y a pas radio dedans hein ! Ils vous ont donné leur voiture de petit garçon. C'est pas comme la voiture qui vous a arrêté, où on avait radio, satellite, lecteur de CD à chargement automatique, TV, manucure, pédicure, assemblée parlementaire intégrée... »

Kayo ne put retenir un grand éclat de rire. « D'accord, allons boire un coup. Demain, j'insisterai pour qu'on me donne une voiture de grand monsieur. »

La buvette locale – « chez Akosua Darko », comme disait le chasseur – était une case éclairée de flambeaux qui projetaient aux murs un théâtre d'ombres nombreuses. La danse incessante de ces silhouettes donnait l'impression d'une pièce bondée. Kayo s'assit, plissa les yeux le temps de s'accoutumer à l'obscurité.

Une femme voluptueuse, d'environ quarante ans, s'avança vers eux. Elle était vêtue d'une combinaison toute simple qui mettait en valeur ses rondeurs, et autour de la taille elle avait noué un pagne aux imprimés wax vert et bleu. Elle se présenta à eux comme étant Akosua, puis leur demanda ce qu'ils désiraient. « Pour Opanyin Poku, je sais déjà, dit-elle d'un ton ironique.

— Je ne resterai pas très longtemps, dit le chasseur. Il faut que je rentre à la maison. Mama Aku a préparé un plat de banku ce soir. »

Akosua se mit à rire. « Opanyin, tout le monde vient ici pour ne pas rester très longtemps, mais vous êtes le seul à le dire chaque fois.

— Mais c'est parce que je suis l'homme le plus âgé de ce village.

— Bien ! Et pour vous ? » lança-t-elle à Kayo et Garba.

Garba commanda une sauce à la viande de gibier

et du vin de palme. Pour Kayo, juste du vin de palme.

La femme sourit, ses joues se creusèrent de profondes fossettes, puis elle s'éloigna, faisant ondoyer ses hanches si harmonieusement que Kayo se prit à hocher la tête au rythme d'une cadence imaginaire.

C'est alors qu'Oduro parut, comme surgi de nulle part, pour se joindre à eux. Il serra toutes les mains, commençant par le chasseur, qui était assis à l'extrême droite de la tablée, puis vers la gauche comme le voulait la coutume, en terminant par Kayo, qui garda entre les siennes la main du féticheur plus longuement. Oduro était torse nu et portait un collier de griffes de léopard. Kayo le trouva très sobrement paré, comparé à tous les féticheurs qu'il avait pu voir à la télévision.

Oduro posa la main sur le bois tout usé de la table et se pencha vers Kayo, si près que leurs visages se touchaient presque. « Donc, sɛbi, le travail que tu es allé faire là-bas… comment ça s'est passé ?

— Très bien, mais il y a encore beaucoup de choses que je ne comprends pas.

— On ne peut pas tout comprendre, mon ami. » Oduro se frotta les mains et s'assit. « Dis-moi, comment sais-tu quand quelqu'un est en train de mentir ?

— Eh bien, on peut se servir d'un détecteur de mensonge, par exemple.

— D'accord, d'accord, mais… comment le *détecteur* là fonctionne ?

— Ah… C'est le corps qui réagit… quelque chose

se passe à l'intérieur du corps quand on ment.

— Tu vois ? C'est ça la question. Comment comprendre pourquoi le corps fait ça ?

— Je ne sais pas. »

Akosua arriva avec le vin de palme ; elle posa les calebasses entre deux minces tronçons de bambou, pour les maintenir le temps qu'elles se remplissent. Elle en avait apporté une pour Oduro, bien qu'il n'eût encore rien commandé. « J'espère que vous allez apprécier. » Elle fit un signe de tête à Kayo et Garba. « Votre ami est arrivé », leur dit-elle en désignant une silhouette isolée dans un coin de la salle.

« C'est Mensah, dit Garba. Je vais le chercher. »

Kayo leva la tête vers Akosua et se dit qu'il aurait eu plaisir à faire davantage connaissance avec elle si elle avait eu quelques années de moins. Et, d'un coup, sans réfléchir, il la pria de goûter pour lui le vin de palme.

« Pourquoi ? demanda-t-elle avec un pétillement malicieux dans les yeux. Ou bien, c'est moi votre épouse ?

— Non, c'est juste pour apprendre à tenir ma calebasse comme il faut. »

Akosua goûta le vin et rendit la calebasse à Kayo. « Maintenant, je ne vais plus pouvoir m'en séparer. » Kayo garda un instant la calebasse entre ses deux mains sous la table. Puis, de la main gauche, il la souleva, comme s'il puisait de l'eau dans une jarre. Et il goûta le vin. « C'est merveilleux. »

Akosua sourit, s'en alla.

C'est alors qu'Opanyin Poku se pencha vers Kayo

pour le toucher au bras. « E-Eeeh, Kwadwo nkomodɛ, elle a une fille, hein. Dis à ta langue de prendre patience. »

Kayo rit. « Je ne suis pas un beau parleur, ne m'appelez pas nkomodɛ. »

Revenu avec Mensah, Garba se rassit entre Opanyin et Kayo. Mensah serra toutes les mains avant de prendre place à côté d'Oduro, en face de Garba.

« Et où est ma sauce ? » demanda l'agent.

Oduro lui répondit sans lever la tête. « Elle est en train d'arriver avec la fille d'Akosua. » Puis il interpella Kayo. « Tu sais, cette affaire de machine pour les mensonges qu'on était en train de discuter là ?

— Oui ? » Kayo coulait un regard discret vers la fille d'Akosua. Baissant les yeux sur la table, il concentra toute son attention sur le dessin des veines du bois.

« Ta machine, on peut la comprendre, donc on peut la tromper, poursuivait Oduro. Mais si tu apprends à observer un homme, tu pourras toujours deviner ce qu'il est en train de penser. »

Kayo sentit une vague de chaleur lui monter à la nuque. Il en était encore à se remettre de la beauté de la fille d'Akosua.

« Comment ça ?

— L'immobilité.

— Comment ça, l'immobilité ?

— Kwadwo, une chose vivante, ça bouge sans cesse ; si tu la regardes de près, sɛbi, tu peux même voir le sang frémir sous la peau. Donc, si tu fais un effort, et si tu apprends à reconnaître les moindres mouvements qui fabriquent l'immobilité d'un homme, alors tous ses autres mouvements te raconteront des choses sur lui. » Oduro souriait en le fixant droit dans les yeux.

Kayo porta la calebasse à ses lèvres, prit une longue lampée de vin de palme.

Oduro défit le nœud de son pagne pour en extirper une petite fiole en bois. « Prends ça. » Kayo le vit pencher la fiole au-dessus de sa calebasse.

Il fronça les sourcils. « Qu'est-ce que c'est ?

— Oh, juste un petit quelque chose de ma fabrication, à base d'écorce de hwɛma. Ça rend la boisson plus forte. » Le féticheur en versa deux gouttes dans son propre vin, en but une gorgée et se pourlécha les babines.

Kayo tendit sa calebasse pour qu'Oduro lui verse un peu de sa potion, puis il remua avec le doigt et but. Il attendit que tout soit bien descendu et ressentit alors, successivement, tout le bien-être que lui procurait le poids du liquide dans son estomac et toute la force de l'alcool. Lentement, il passa sa langue sur ses lèvres. « Ah ! Egya Oduro, c'est vraiment bon ! Sacré coup de fouet. »

Oduro se pencha en travers de la table, attrapa Kayo par les épaules et sourit. « C'est aussi un aphrodisiaque. » Et il partit dans un grand rire, son corps tout entier tressautant de rire, secouant avec lui les épaules de Kayo.

L'hilarité gagna en volume et en intensité, jusqu'à ce que Kayo, lui aussi, explose de rire. Sa tête se fit plus légère. Les ombres sur les murs avaient l'air de se dresser pour rire avec eux, cependant que les effluves d'une sauce à la viande de gibier leur parvenaient, chatouillant de leurs doigts pimentés les yeux et les narines. Il y eut un moment où Kayo, il en était sûr, se sentit flotter au-dessus de la salle en compagnie d'Oduro. De là-haut, tous deux contemplaient les calebasses de vin de palme et les gens et les marmites de sauce qui s'estompaient et se fondaient dans un déploiement diffus de couleurs et de formes. Il entendit au loin résonner un xylophone, mélodieux, chevauchant le vent comme un ensorcellement, faisant voler en éclats la nuit noire.

YAWDA

Le jour était à peine levé que déjà Kayo et Garba se mettaient en route pour Accra. Ils avaient laissé sous sa tente, allongé tout habillé, Mensah qui préférait attendre là que le sergent Ofosu lui envoie une voiture. Le vieux chasseur Opanyin Poku était en forêt, mais Oduro se tenait au pied de l'arbre twene-boa sur la place du village, les saluant de la main avec bienveillance tandis qu'ils s'engageaient sur la route. Kayo se replia dans un silence pensif. Pendant ce temps, Garba fredonnait un autre de ces tubes archi-diffusés que Kayo avait fini par prendre en détestation. En un sens, Kayo était soulagé qu'on n'ait mis à leur disposition qu'une « voiture de petit garçon » ; à voir la désinvolture nouvellement conquise de son compagnon, Kayo était certain qu'au volant d'une « voiture de grand monsieur » Garba n'hésiterait pas à faire beugler la radio.

Après une nuit à Sonokrom, les bruits de la ville firent sursauter Kayo dès les abords d'Adenta et de sa circulation poussive. Il était à peine sept heures moins le quart, et ils arrivaient seulement à la périphérie d'Accra, mais avec tous ces cadres supérieurs qui s'achetaient des résidences dans les nouveaux développements immobiliers de Legon, Madina et Adenta, les embouteillages dans cette zone avaient acquis un statut légendaire. Nii Nortey, qui venait d'emménager dans l'un de ces quartiers, prétendait qu'il était obligé de partir de chez lui à cinq heures du matin pour éviter le pire des bouchons. Bien sûr, Nii Nortey se servait aussi de ce prétexte pour s'offrir un verre après sa journée de travail, afin, insistait-il, de laisser la circulation se désengorger. Kayo sourit, extirpa son portable de l'une de ses innombrables poches et y jeta un coup d'œil : sept heures deux. Par-delà le vacarme des klaxons tonitruants et des plaisanteries gouailleuses des chauffeurs de taxi qui s'interpellaient d'une voie à l'autre, Kayo se rappela qu'il n'avait pas encore validé ses conclusions. Certains des tests réalisés dans la case de Kofi Atta avaient été faits sous le coup de l'improvisation, il lui fallait maintenant tout vérifier avant de les présenter à Donkor. Il composa le numéro d'Acquabio et attendit que retentisse la longue sonnerie creuse à l'autre bout du fil.

Joseph décrocha au bout de la quatrième.

Kayo fut soulagé d'avoir deviné juste. « Bonjour, Joseph.

— Ah, patron ! s'exclama Joseph avant de baisser la voix. Monsieur Kayo, mais qu'est-ce qui s'est passé ? M. Acquah nous a raconté que vous aviez fui après avoir pris de l'argent dans la caisse, mais je ne l'ai pas cru. Vous ne nous auriez jamais laissés comme ça. Je l'ai dit à toute l'équipe. Vous ne seriez jamais parti comme ça… Et alors, Eunice nous a dit qu'il y avait un sergent de police impliqué dans l'affaire… ? Sir… »

Kayo n'avait jamais entendu Joseph débiter autant de paroles à la fois mais il n'avait pas le temps de le laisser continuer sur sa lancée. « Est-ce qu'il y a quelqu'un avec vous dans le bureau ?

— Non, sir… Pardon. Non, monsieur Kayo, je suis seul.

— Très bien. Est-ce que le policier, l'agent Mensah, vous a remis les échantillons ?

— Oui, monsieur Kayo. » Joseph parlait toujours à voix basse, d'un ton de conspirateur.

Kayo prit son calepin et son stylo, s'appuyant sur le tableau de bord pour prendre des notes. Sur une seule ligne horizontale, il dessina trois cases et y inscrivit les mots *placenta, animal, humain.* « Avez-vous trouvé dans mon tiroir le manuel pour vous guider dans ces analyses ?

— Oui, monsieur Kayo, je les ai toutes faites hier, vos analyses. Je suis même resté après dix-huit heures. Et j'ai mis les résultats sur une disquette pour vous.

— Nous n'avons plus le temps, Joseph. Quelqu'un viendra chercher la disquette, mais là tout de suite j'ai besoin que vous me précisiez quelques détails.

— D'accord.

— Dites-moi, avez-vous relevé la présence de méconium dans l'un de ces prélèvements ?

— Non, monsieur. »

Kayo raya le mot *placenta.* « Et le sang, était-il humain ?

— Groupe O.

— Parfait, parfait. » Barrant d'un trait fin le mot *animal,* Kayo baissa la voix, tout en lorgnant Garba du coin de l'œil. « Et… ont-ils… l'agent… est-ce qu'il a…

— Oh, oui, monsieur Kayo, ils m'ont payé. Merci. C'était bien plus que ma paye du mois.

— Bien. »

Kayo referma son calepin et rangea son stylo.

« Ah, euh… monsieur Kayo ?

— Oui ?

— Quand est-ce que vous revenez ? »

Kayo sourit, fit passer le portable de sa main gauche à sa main droite. « Je ne sais pas. » Il marqua une pause et, ravalant la salive qui semblait tout à coup s'être accumulée dans sa bouche, il ajouta : « Au revoir, Joseph.

— Au revoir, monsieur Kayo. »

Kayo glissa le portable dans sa poche et se cala dans son siège en réglant l'inclinaison du dossier. Tout se déroula sans heurt cette fois. À ses côtés, Garba souriait en douce. Ils venaient juste de passer le campus de l'université du Ghana, à Legon, et prenaient la direction du centre-ville d'Accra.

Garba, toujours souriant, tapota le genou de Kayo. « Alors, monsieur Kayo, prêt pour l'affrontement avec Donkor ?

— Je croyais que vous étiez censé décliner tout son pedigree quand vous parlez de lui ?

— Ah, monsieur Kayo, on sait tous où ces gens vont faire cabinet, non ? Faut pas prêter attention à ce que le sergent Ofosu dit, hein. Il veut faire grand bruit seulement. Il croit qu'il est le seul sergent de toutes les forces de police ou bien quoi ? » Il envoya un joyeux coup de klaxon à une Peugeot 504 qui avait l'air de caler devant eux. « Sérieusement, monsieur Kayo, il manque un peu seulement et on va atteindre chez Donkor là-bas... Tout c'est bien ? Je vais continuer ou bien on va faire ralenti un peu ?

— Oui, tout va bien, merci. » Kayo regarda sur la gauche, au-delà de la tête de Garba, du côté des quartiers nouveaux riches d'East Legon, qui s'étalaient à perte de vue comme du gras de lard fondant sous le soleil levant. C'était là que la plupart des jeunes de sa génération rêvaient de vivre un jour, et à la réalisation de ce rêve ils travaillaient avec zèle et cynisme, fraudant et soudoyant sans une once de scrupule. Il reprit son calepin et l'ouvrit sur ses genoux. « Où est-ce qu'il vit, P. J. Donkor ?

— Quartier Aéroport, répondit Garba. On vient de traverser le rond-point Tetteh Quarshie. Après, c'est la quatrième à droite. Il vit dans la zone là. »

Kayo hocha la tête. Le quartier Aéroport était l'un des plus chers d'Accra. Non seulement Kayo ne comprenait pas comment les gens acceptaient de payer une fortune pour habiter au milieu du bruit des avions, mais en outre il ne voyait pas comment Donkor, avec son salaire d'inspecteur principal de police, pouvait se le permettre.

Garba arrêta la voiture devant un élégant portail bordeaux flanqué de hauts murs couleur crème et il enfonça le klaxon. Dans un angle du toit que ne parvenait pas à masquer le portail, Kayo distingua une gigantesque antenne satellite – pas étonnant que l'inspecteur principal Donkor fît une telle fixation sur *Les Experts.* La tête d'un policier apparut par une meurtrière découpée dans le mur d'une minuscule guérite à droite du portail. Garba leva le pouce pour signaler que tout allait bien, et un deuxième policier émergea de la guérite pour leur ouvrir.

La cour de la résidence Donkor était conçue comme celle d'un hôtel, avec une allée en demi-cercle menant au perron. Garba avança la voiture jusqu'à l'entrée, où se tenait P. J. Donkor, encadré de colonnes romaines crayeuses, une policière à ses côtés portant sur un plateau deux verres remplis d'un breuvage jaune orangé. La maison, tout comme les murs d'enceinte, était peinte d'un ton crème qu'accentuait le blanc des encadrements de fenêtres, des portes et du mobilier. Garba descendit, ôta sa casquette et se mit au garde-à-vous près de la portière de Kayo, face à l'inspecteur principal. Puis Kayo, à son tour, sortit du véhicule.

« Bonjour, saa' ! » gueula Garba.

L'inspecteur principal sourit, dévoila sa rangée de dents minuscules et dit : « Repos, agent Garba. Je vois que vous m'avez ramené mon homme.

— Oui, saa'.

— Rien à déclarer ? » Un reste de sourire flottait encore sur les lèvres de Donkor.

« Non, saa'. »

D'un brusque signe de la tête, l'inspecteur principal congédia l'agent, qui s'empressa de reprendre sa place au volant.

Kayo se tourna vers Garba ; il se demandait où ce dernier avait l'intention de filer avec tout son matériel. « Vous partez où maintenant ? »

Garba se hissa sur son siège. « Je vais juste faire le plein, et ensuite je reviens vous chercher pour vous ramener chez vous, monsieur Kayo.

— Entendu. » Kayo se pencha à la portière : « Pouvez-vous rendre cette voiture et nous en prendre une avec assemblée parlementaire intégrée ? »

Garba éclata de rire et, tout en ajustant sa casquette, démarra le véhicule.

« Ah, monsieur Kayo Odamtten, dit l'inspecteur principal, comme s'il venait seulement de s'apercevoir de sa présence. Veuillez me suivre, s'il vous plaît. »

La policière qui portait le plateau se dirigea vers la gauche. Kayo et l'inspecteur principal lui emboîtèrent le pas. Ce dernier portait une robe de chambre bordeaux, avec les initiales *PJD* brodées au-dessus de la poitrine, et dans le dos un sepow, symbole adinkra du couteau du bourreau.

Kayo essayait de se rappeler la dernière fois qu'il avait croisé ce symbole – le cruel sepow.

« Qu'est-ce que c'était que cette histoire de voiture avec assemblée parlementaire intégrée ? » Les yeux de l'inspecteur principal Donkor pétillaient.

« Oh, ça... C'est juste une plaisanterie. La voiture qui nous a été attribuée n'avait ni la radio ni l'air conditionné, alors je lui demandais d'en trouver une un peu mieux équipée... »

Donkor s'esclaffa, puis s'arrêta pour nettoyer ses

pantoufles en tapant du pied sur le sol de granit de la véranda. La policière avait posé le plateau sur une table de jardin blanche assortie de deux sièges, juste devant la piscine.

Alors que Kayo s'apprêtait à déplacer l'un des sièges pour les mettre face à face, l'inspecteur principal posa la main sur son épaule.

« Il est plus facile de se parler quand on peut en même temps contempler le paysage. » Comme il invitait Kayo à s'asseoir sur le siège de droite, sa joue tressaillit. Il désigna le plateau que la policière avait laissé sur la table avant de disparaître. « Un jus d'orange ? »

Kayo prit son verre et ingurgita une première gorgée méfiante.

P. J. Donkor, lui, siffla le sien d'un trait, en un seul geste souple, puis il poussa un soupir et se lécha les babines. « Alors, mon jeune *Expert,* c'était comment, Sonokrom ? Faites-moi un premier compte rendu de ce que vous avez découvert là-bas. » Il se renversa dans son siège et laissa son regard errer sur l'eau étale.

« Eh bien, tout d'abord les restes retrouvés ne sont pas placentaires, contrairement à ce que le premier rapport de police laissait entendre. Mais ce sont bien des restes humains. » Kayo jeta un œil à Donkor. Ce dernier ne bougeait pas d'un cil et semblait n'avoir nullement l'intention de l'interrompre. Kayo trouvait assez bizarre de parler à quelqu'un sans pouvoir le regarder dans les yeux, mais il poursuivit néanmoins. « Il ne semble pas y avoir eu d'intrusion, car les empreintes relevées appartiennent toutes à la même personne. Je suppose qu'il s'agit de celles du planteur de cacao qui habitait là, Kofi Atta, dont tous les villageois prétendent qu'il aurait disparu depuis plusieurs semaines, un mois si l'on en croit les différents témoignages. » Kayo lança de nouveau un regard en coin à l'inspecteur principal, puis il laissa échapper un soupir. Il avait envisagé l'hypothèse que Kofi Atta ait tué quelqu'un, et qu'ensuite il ait rapporté une partie du cadavre chez lui, mais il n'était pas encore tout à fait prêt à explorer ce scénario, aucun autre habitant du village n'ayant à sa connaissance disparu.

Hormis deux petites crispations involontaires de la joue, l'inspecteur principal Donkor ne manifesta pas la moindre réaction.

Bien entendu, Kayo ne pouvait se laisser aller à parler de l'odeur douceâtre des chairs brûlées, ou encore des oiseaux qui avaient tous ensemble quitté leur nid au milieu de la bambouseraie pour envahir une case inhabitée. De fait, il n'avait rien de concret à raconter. Plongé dans un abîme de vide entre intuition et certitudes, Kayo, pour la toute première fois de sa carrière, se trouvait à court de réponses.

Donkor se redressa brusquement sur son siège. « Et si ces restes humains ne sont pas placentaires, à qui appartiennent-ils ? Qui est cette chose ? » Le ton de sa voix était maîtrisé, mais son irritation palpable.

« Avant de vous répondre plus précisément, monsieur l'inspecteur, il faudrait que je termine l'analyse de certains échantillons, ici à Accra, puis que je retourne à Sonokrom interroger quelques villageois.

À vrai dire, pour le moment… » Kayo se recala dans son siège. « Enfin, je veux dire que… il se pourrait bien qu'il s'agisse de Kofi Atta, mais il se pourrait aussi que ce soit une victime de Kofi Atta. Tout ce que je sais, c'est qu'il n'y a pas eu d'acte de violence dans cette case. »

L'inspecteur principal Donkor serra ses paumes l'une contre l'autre et posa son menton sur ses pouces, comme en prière. Il prit une inspiration, puis il se leva d'un seul coup, frappa du plat de la main la table blanche devant lui. Kayo rattrapa son verre de justesse avant qu'il ne se renverse avec le reste de jus ; quant à celui de Donkor, il vacilla au bord de la table avant de se fracasser sur le sol de granit.

Donkor ne sembla pas le moins du monde s'en apercevoir. Il se mit à vociférer, les yeux fulminants. « Je me suis levé exprès pour vous, jeune homme. À six heures du matin, rien que pour vous. Qu'il s'agisse ou non d'un crime violent ne m'intéresse pas. J'ai juste besoin que cette affaire fasse les gros titres. Est-ce que je me fais bien comprendre ? » Son index vint se poser sur la table, comme pour y écraser un insecte.

Kayo reposa son verre, lentement. Lorsqu'il s'était penché pour le rattraper, une masse sombre sous le siège de l'inspecteur principal avait attiré son attention. Cela ressemblait à un pistolet sanglé dans un étui de fortune. Kayo ne voulait prendre aucun risque. « Pour l'instant, je vous parle seulement de ce que je sais avec certitude. Il va me falloir encore quelques jours pour découvrir la vérité. »

L'inspecteur principal Donkor tambourinait la

table de ses doigts, comme un métronome. « La vérité ne m'intéresse pas, jeune homme. Ce qui m'intéresse, ce sont les résultats. Vous me comprenez ? J'ai besoin que vous fassiez de cette histoire une affaire à gros titres, avec des ramifications internationales. » Il se rassit sur son siège.

Kayo se leva. Même s'il était plein d'appréhension, il ne pouvait laisser l'inspecteur principal modifier ainsi l'accord convenu, au moment même où l'enquête progressait. Le permettre, c'était ruiner à jamais ses chances de la résoudre. « Avec tout le respect que je vous dois, monsieur l'inspecteur, ce n'est pas ce sur quoi nous nous étions entendus. Vous disiez qu'un ministre s'intéressait de près aux résultats de l'enquête ? Pour ma part, je dispose maintenant de tous les éléments clés pour vous révéler ce qui s'est passé. J'ai juste besoin d'un peu de temps pour développer mon hypothèse. Une fois que ce sera fait, vous aurez votre rapport. »

L'inspecteur principal Donkor se redressa, défiant Kayo du regard. « Dites-moi, Kayo Odamtten, vous êtes stupide ou juste borné ? Vous êtes au courant que j'ai les moyens de vous renvoyer au trou sur-le-champ pour tentative de conspiration ? »

Kayo ne prit même pas la peine de relever. Il se rassit et fixa son regard au-delà de la piscine, sur une jolie haie bien taillée devant laquelle un pigeon grattait la terre à la recherche d'asticots. Il comprenait maintenant pourquoi le sergent Ofosu avait trouvé si amusant qu'il ose le questionner sur les raisons de son arrestation. Ces gens ne vous accordaient de jouir de vos droits civiques qu'au gré de leur fantaisie ; l'inspecteur principal n'avait nullement l'intention d'honorer la promesse qu'il lui avait faite dans son bureau ; la liberté ne lui serait réellement rendue que s'il accédait à toutes ses exigences.

Donkor entoura de son bras les épaules de Kayo. « Écoutez, je pense vraiment qu'on pourrait faire du bon travail ensemble. Je veux que vous retourniez au village ; ne revenez pas sans m'avoir concocté une expertise et un rapport d'enquête en béton – style *Les Experts.* » Tendant la main sous sa gorge, il lui releva la tête par le menton. « Vous pensez que vous pouvez faire ça pour moi ? »

Kayo soupira fort en s'extirpant de l'emprise de Donkor. « Oui, enfin de toutes les façons vous n'êtes pas venu me chercher pour mes jambes longues ? »

L'inspecteur principal Donkor rit de bon cœur. « Eï ! ce jeune là ! Seulement vingt-quatre heures au village et vous êtes déjà là à me bombarder de proverbes ? » Il lui flanqua une grande claque sur l'épaule. « Laissez-moi vous faire le tour du propriétaire avant que Garba ne revienne. Mais vous ne pourrez pas visiter la grande chambre parce que ma femme dort encore. » Donkor décocha un clin d'œil à Kayo et lui fit signe de le suivre.

La policière qui les avait conduits sur la véranda réapparut comme surgie de nulle part, accompagnée d'un jeune domestique auquel elle donna l'ordre de ramasser les éclats de verre.

Kayo avait juste le temps de remettre à Mensah deux nouveaux échantillons – des prélèvements destinés à des analyses ADN – puis de rentrer chez lui préparer une petite valise avec des vêtements de rechange, son ordinateur portable et trois batteries de secours, avant de reprendre la route avec Garba. Kakra, le jeune frère de Kayo, était rentré de Kintampo où il était enseignant au titre du service national. Il s'était autorisé à se soustraire tout un long week-end à son affectation car son salaire, comme celui de ses collègues, n'avait pas été versé depuis des mois. Sitôt qu'il entendit prononcer le nom de Kintampo, où vivait toute sa famille, Garba s'empressa de sortir de la voiture. Il administra au frère de Kayo une vigoureuse poignée de main et le mitrailla de questions.

Kakra fut très impressionné par la voiture « avec assemblée parlementaire intégrée » – une Range Rover pourvue d'un lecteur de CD à chargement automatique, d'une antenne radio télescopique et de la climatisation – mais sa principale préoccupation était de convaincre Kayo de lui laisser sa Golf pour le week-end.

Kayo commença par refuser, puis il se rappela que sa mère avait prévu de rendre visite à leur sœur sur le campus universitaire. « Si tu promets d'emmener Maa' voir Esi samedi, on devrait pouvoir se mettre d'accord... » Là, il eut un instant d'hésitation, songeant que tous les accords qu'il avait passés jusque-là ne lui avaient guère réussi. « D'accord ? » s'entendit-il pourtant prononcer.

La mère de Kayo s'était inquiétée de son absence prolongée des jours précédents. Elle n'en dit rien, mais Kayo le devina à la manière dont elle s'affairait autour de lui, soudain aux petits soins, ajustant sa chemise, emballant pour leur trajet jusqu'à Sonokrom un paquet de poisson frit. « Si tu n'aimais pas tant manger, j'aurais pu m'imaginer que tu avais fugué, plaisanta-t-elle.

— Alors, c'est que votre cuisine doit être vraiment délicieuse, Tantie ! Parce que dans le village où on enquête en ce moment, il y a une femme là, hmm, je ne vous raconte pas... » Garba laissa la phrase en suspens et secoua la tête en prenant un air émerveillé.

« Eï, Kwadwo, mais tu ne m'avais rien dit de tout ça !

— Oh... Maa'... » Kayo foudroya Garba du regard. Il n'était pas tout à fait certain d'apprécier le tour désinvolte que prenaient les échanges entre Garba et ses proches. « Tu vois bien qu'il plaisante ! C'est juste un maquis de brousse. »

Et il se dirigea vers le salon pour saluer son père.

Quand ils furent sortis des embouteillages, Garba descendit le volume de la radio et se tourna vers Kayo. « Monsieur Kayo, vous avez une famille vraiment sympathique. »

Kayo posa la main sur le tableau de bord. Après quarante-huit heures en compagnie de Garba, il avait compris qu'au moment de lui poser une question ce dernier commençait toujours par une déclaration toute simple. Il se tourna vers l'agent qui, parce qu'il était en mission avec un civil, avait obtenu l'autorisation de quitter son uniforme. « Qu'est-ce que vous voulez me demander, Garba ? »

Garba eut comme un sourire penaud. « Vous avez un autre frère ?

— Pourquoi me demandez-vous ça ?

— Votre frère là, celui que je viens de rencontrer, il s'appelle Kakra. Et ce que je sais, c'est qu'il n'y a jamais de Kakra sans un Panyin…

— Ça aurait pu être une fille. »

L'agent rit. « Mais c'est un garçon.

— C'était. » Kayo soupira. « Il est mort peu après sa naissance.

— Oh, je suis désolé, monsieur Kayo. Quel âge avait-il ? Que s'est-il passé ?

— Il s'est étouffé. On n'a jamais su comment c'était arrivé. On aurait dit qu'il riait… » Kayo se recula dans son siège, si brutalement qu'on eût dit qu'il essayait de s'y enfoncer. « Il avait seulement deux mois. Mon grand-père disait que ce bébé était juste un messager.

— Hmm. » Des bribes à peine audibles d'un tube d'Egya Koo Nimo, *Akora Dua Kube,* émergèrent de l'autoradio, et Garba remonta le volume tandis que le musicien vétéran – biochimiste de formation – exhortait les jeunes gens à s'atteler au travail.

Kayo contemplait les vastes étendues de paysage de part et d'autre de la route, s'absorbait dans le vert luxuriant de la végétation. Il avait été émerveillé de découvrir la riche diversité de cette nature pendant le premier trajet d'Accra à Tafo : des collines qui semblaient se fondre dans un épais massif d'arbres gigantesques ; ici ou là un baobab se dressant telle une sentinelle grise au-dessus d'arbustes moins hauts ; et au bord des routes la vie qui allait son cours, comme si la modernité n'était décidément qu'une passade sans lendemain. Des enfants portaient en équilibre sur la tête des plateaux d'ignames, de manioc, ou des paniers de tomates ; des paysans marchaient pieds et torse nus sous l'ombrage, faisant danser contre leurs flancs des coupe-coupe – et tous ces gens, tous, savaient la langue de la forêt ; une langue que Kayo, lui, ne connaissait pas.

« C'est un sage, votre grand-père. » La chanson de Koo Nimo étant terminée, Garba avait de nouveau baissé le volume.

« Il l'était. » Kayo esquissa un pauvre sourire. « Il est mort, lui aussi. Tout juste un an après le bébé.

— Oh, je suis vraiment désolé.

— Ne vous excusez pas. Nous tous ici on va mourir un jour, non ? »

Garba acquiesça, d'un air si hésitant que Kayo crut y déceler une certaine réticence.

« Et chez vous ? » Kayo s'efforçait d'empêcher la douleur de s'insinuer dans sa voix. « Vous avez une grande famille à Kintampo ?

— Ah, chez nous c'est simple hein. Quatre frères – seulement des garçons dans la maison. Tous des durs. » Garba rit, accompagnant ses paroles d'un geste du poing serré. Puis il confia que deux de ses frères étaient aussi policiers, en poste à Kumasi, tandis que l'aîné travaillait avec leur père, dresseur de chevaux. Plissant les yeux dans la lumière éblouissante du soleil, il demanda à Kayo s'il avait vu combien la jeune policière croisée chez Donkor était jolie.

Kayo se contenta de sourire.

Garba hocha la tête. « Ce Donkor là, il est malin. C'est elle, son arme secrète. Quand il a appris que le fils du sous-inspecteur général de la police avait violé la fille là, il l'a engagée pour la faire travailler dans son unité. En ce temps, il était petit sergent seulement ooo. Il avait réussi les examens, mais pas de promotion. Chaley, je vous dis, dès qu'il a embauché la fille, il est passé inspecteur principal direct ; après ça, en six mois à peine, ils lui ont créé ce nouveau poste – CCRP. Avec ça, il a déjà tous les pouvoirs d'un commissaire divisionnaire, ou même d'un sous-préfet, mais ils sont forcés d'attendre avant de faire l'annonce officielle. Tout le monde l'appelle inspecteur principal, mais tout le monde sait. » Garba soupira. « Cette terre, mon frère. »

Kayo se rappela les mains délicates de la jeune femme et acquiesça. Il lui avait semblé ahurissant, en effet, qu'un inspecteur principal pût employer à son service, chez lui, une fonctionnaire de la police du Ghana.

« C'est pour ça que j'espère que mon plus jeune frère va faire l'université. » Garba tapota le genou de Kayo. « Comme ça, il ne sera pas forcé de lutter comme nous… Inshallah !

— Mais, Garba, je croyais que vous n'étiez pas

musulman ?

— C'est la vérité. Je ne suis pas musulman. Mais inshallah là, ça n'appartient à personne. Ou bien c'est mentir ? » Il éclata de rire à nouveau, s'étouffant presque cette fois.

« Non, ce n'est pas mentir. » Kayo sourit et secoua la tête, songeant qu'ainsi vêtu de sa chemise Lacoste beige, Garba avait l'air particulièrement décontracté. À mille lieues de l'agent de police plutôt réservé avec lequel Kayo avait pris la route la veille. Il était toujours armé, le pistolet à la ceinture, et cependant il semblait moins raide.

Garba toussota. « Monsieur Kayo ?

— Oui ?

— Votre grand-père, est-ce qu'il avait des pouvoirs ?

— Qu'est-ce que vous voulez dire ?

— Je veux dire, des pouvoirs spirituels.

— Je ne sais pas, répondit Kayo en se renfrognant. Il était pêcheur. Il allait en mer.

— Voyez, la façon dont le vieux est mort exactement un an après votre frère… J'ai entendu dire que quelquefois les gens qui ont des pouvoirs doivent partir pour guider les autres et les reconduire jusque dans l'autre monde. » Garba fit une petite embardée pour éviter un nid-de-poule. « Est-ce que vous voyez ce que je dis ?

— Je ne suis pas sûr, pouvez-vous…

— Ce que je veux dire, c'est… peut-être que Panyin était perdu… » Et il secoua la tête. « Bon, mais vous êtes un homme de livres, vous. Je suis sûr que vous ne croyez pas à ces choses.

— Pas vraiment, non. Mon grand-père s'est noyé.

— Ah. Ok. »

Ils firent silence jusqu'à Sonokrom. Alors qu'ils se garaient au pied de l'arbre tweneboa, Kayo aperçut Oduro qui les attendait là, presque dans la même position que la veille lorsque Garba et lui avaient quitté le village. À ses côtés se tenait un homme aux cheveux grisonnants, long comme un poteau. De retour dans le village après cette brève incursion en ville, Kayo songea que tous ces hommes paraissaient tellement à l'aise torse nu que cette particularité même lui avait d'abord complètement échappé. Sauf bien sûr chez le féticheur Oduro, dont le poitrail ne pouvait passer inaperçu puisqu'il arborait un collier de griffes de léopard. Un instant, Kayo se demanda si un détail de cet ordre avait pu se soustraire à son attention en ce qui concernait les femmes.

Oduro vint au-devant de lui et lui tendit la main. « Kwadwo, sois le bienvenu. »

Kayo répondit à ses salutations comme il se devait, et les deux hommes se serrèrent la main.

« Voici Sarfo, dit Oduro en désignant son compagnon. Son petit-fils vient de se casser le bras. »

Kayo salua d'un signe de la tête, tout en se demandant pourquoi Oduro le présentait à cet homme.

Oduro désigna Garba du doigt. « Hier, votre ami ici a dit que vous étiez *docteur*. »

Kayo essaya de se rappeler à quel moment exactement Garba avait pu évoquer le fait qu'il était médecin lors de leur conversation à la buvette d'Akosua Darko, mais tous les événements de cette fameuse nuit s'effilochaient en bribes dans son cerveau.

« Nous avons besoin de votre aide. » Le féticheur ouvrit la marche, faisant signe à Kayo de le suivre tandis qu'il se dirigeait vers sa concession, à droite de l'arbre tweneboa. « Vous connaissez l'enfant Kusi. C'est l'un des petits qui s'agitaient autour de votre voiture quand vous êtes arrivés hier.

— Ah oui, le plus âgé de la bande. »

Sarfo, le grand homme aux cheveux grisonnants, qui n'avait pas dit un seul mot jusque-là, se mit à rire. « C'est le plus jeune ! C'est sa taille qui le fait paraître plus âgé. Il tient de moi. »

La case d'Oduro était au moins trois fois plus grande que celle de Kofi Atta. Elle était flanquée de deux autres cases, avec un enclos par-devant, où plusieurs douzaines de poulets gloussaient de satisfaction. Kayo sourit en apercevant une vaste parcelle de pieds de maïs accolée à la case qui se trouvait de l'autre côté du poulailler ; il en était qui, manifestement, avaient parfaitement analysé la loi de l'offre et de la demande.

Dans la case d'Oduro, derrière un petit muret de terre crue, les enfants, qui le jour d'avant s'étaient précipités comme un essaim autour de la Land Rover, se tenaient maintenant autour d'une natte où Kusi était allongé. Le garçon gisait au milieu d'un halo de lumière qui se répandait dans la pièce par la fenêtre ; il maintenait son bras droit et respirait bruyamment. Il ne semblait pas souffrir.

Kayo s'accroupit auprès de lui, posa la main sur son front et lui sourit. « Kusi, comment ça va ? Tu as mal ? »

L'enfant fit non de la tête. « Egya Oduro m'a frictionné avec des feuilles, et maintenant ça ne fait plus mal. » Il retira son bras gauche du membre droit fracturé, pour montrer à Kayo.

L'avant-bras était courbé comme un boomerang. Tout doucement, Kayo fit glisser ses doigts le long du bras de l'enfant, le palpant avec hésitation avant d'exercer une pression un peu plus appuyée à l'endroit où l'os s'était brisé. Il n'avait que des notions théoriques de ce type d'examen et, en dehors des gestes de premier secours, il n'avait jamais prodigué de soins pour une fracture. Après deux ou trois délicates tentatives de déplacement osseux, Kayo décida que ce n'était qu'une fracture en bois vert, et il poussa un soupir de soulagement. Il n'avait pas le matériel requis pour une opération plus invasive, et il n'était même pas certain qu'il aurait été capable de tirer le gamin d'affaire si cela s'était révélé nécessaire. « C'est bien que tu sois jeune », dit-il au garçon en se relevant.

Kayo se tourna vers Oduro qui, comme Garba et Sarfo, se tenait adossé au mur. « Ce n'est pas trop grave, mais il faut qu'on redresse l'os et qu'on l'attelle.

— Oh Awurade, grâces te soient rendues ! » s'exclama Sarfo.

Oduro inclina la tête en signe d'assentiment. « Bien. Je ne voulais pas y toucher parce que je n'étais pas sûr.

— Hmm. » Kayo avait le sentiment qu'on le mettait à l'épreuve ; il acquiesça cependant, puis il se tourna vers Garba. « Garba chaley, dit-il en désignant Kusi, pouvez-vous me trouver des bâtons d'à peu près la longueur de son bras et me les apporter ici ? »

Oduro entoura de son bras les épaules de Kayo. « Kwadwo, mon ami. As-tu jamais songé que tu pourrais apprendre à soigner avec les plantes et les racines de chez nous ?

— Non. » Kayo mit ses mains dans les poches. « Mais j'aimerais bien vous poser quelques questions à propos de Kofi Atta. »

Kayo sentit se raidir sur sa nuque le bras du féticheur, dont la main vint aussitôt le tapoter dans le dos. « Plus tard, Kwadwo. Chez Akosua Darko. » Oduro se frotta les mains à la manière d'un illusionniste et dit : « Laissez-moi vous apporter des bandes de tissu pour attacher ce bras. »

Même au beau milieu de la journée, la buvette d'Akosua Darko était plongée dans les ténèbres. Toutes les fenêtres étaient masquées par des nattes de raphia, qui certes laissaient filtrer de minces rais de lumière, mais pas suffisamment pour éclairer. Le vieux chasseur, assis à la même table que la veille au soir, une antique carabine Enfield appuyée contre son flanc, sirotait lentement une calebasse de vin de palme. Alors que Kayo, Garba et Oduro s'avançaient vers lui, deux jeunes hommes d'une vingtaine d'années, à la musculature impressionnante, émergèrent d'un recoin à l'arrière de la salle, où les cuisines étaient installées. De leurs torses en sueur émana une luisance légère à l'instant où, juste avant de s'esquiver par la porte principale, ils traversèrent la lueur de l'unique torche enflammée au milieu de la case, suspendue à un crochet.

Le chasseur les salua d'un discret signe de la main. « Kwadwo, c'est une bonne chose que tu sois revenu. L'autre jour, j'ai oublié de te dire, je pense que tu serais un bon chasseur.

— Ah, Opanyin Poku ! » dit Kayo dans un rire. Maintenant qu'il était tout près, il s'aperçut que l'arme n'avait pas de culasse, mais c'était bien une carabine Enfield. « Vous me l'avez déjà dit, et d'ailleurs vous lui avez dit exactement la même chose », ajouta-t-il en désignant Garba.

« Ah, tant mieux. Car c'est la vérité – lui et toi, vous êtes des hommes de patience. Et la patience est la clé de toute bonne chasse. » À ces mots, il prit une gorgée de vin de palme. « Vous sentez ces bonnes odeurs de cuisine ? »

Garba et Kayo acquiescèrent et s'installèrent en face du chasseur après lui avoir serré la main.

« C'est toi qui as pris l'antilope ? » demanda Oduro en serrant à son tour la main d'Opanyin Poku.

Le chasseur saisit son arme et la secoua. « Hé, hé ! Je peux toujours compter sur cette chère longue carabine, paaa ! »

Oduro prit place à côté d'Opanyin Poku. « Notre ami ici veut qu'on lui parle de Kofi Atta.

— Je vois. » Le chasseur regarda Kayo, puis Garba. « Qu'est-ce que vous voulez savoir ? »

La fille d'Akosua Darko s'approcha de la table, munie de trois petites calebasses et d'une plus grande, remplie de vin de palme. Elle salua les nouveaux venus, déposa devant chacun une calebasse et versa le vin. Puis elle resservit Opanyin Poku avant de reculer d'un pas : « Vous voulez manger fufu avec la sauce antilope ? On a fini de piler le manioc. »

Garba répondit tout de suite oui, Oduro aussi.

« Je suis celui qui a tué l'antilope là, donc oui, je vais en manger, sɛbi, jusqu'à perdre ma raison, dit le chasseur en souriant de toutes ses dents.

— Quel est votre nom ? demanda alors Kayo.

— Esi. »

L'expression de la jeune femme s'était à peine troublée.

« Oui, Esi, je prendrai aussi du fufu. »

Elle inclina la tête et se retira.

Il y eut un silence, puis, alors que personne ne s'y attendait, Garba prit la parole. « Pour en revenir à Kofi Atta… On aimerait savoir ce qu'il fait dans la vie, qui sont ses amis, ses parents – ce genre de choses. Est-ce qu'il vivait avec quelqu'un ? »

Kayo le regarda, éberlué. Jamais il n'aurait imaginé que l'agent Garba, tout ce temps, avait pu observer aussi attentivement la façon dont lui, Kayo, fonctionnait.

Oduro se tourna vers le chasseur, qui secouait la

tête, les yeux baissés, comme s'il était tout à coup accablé d'un fardeau insoutenable. Les muscles de ses épaules se crispaient convulsivement.

« Je le connais bien, Kofi Atta, mais il a méchant caractère. Il se met en colère pour rien. » Opanyin Poku s'interrompit, siffla une gorgée de vin de palme. « Sa fille habitait avec lui avant, mais elle l'a laissé. » Il leva les yeux vers Kayo. « Tu veux que je te raconte une de nos vieilles histoires ? C'est l'histoire d'un cultivateur de *cacao*. Comme Kofi Atta.

— Oui, dès qu'on en aura fini avec Kofi Atta... » répondit Kayo en souriant.

« Il n'y a pas beaucoup de choses à dire. Il est cultivateur de *cacao*, il était marié, la mort a pris son épouse, sa fille l'a laissé. »

Kayo se pencha vers le chasseur. « Et qui étaient ses amis ?

— Pas d'amis. Pas de bons amis. Méchant caractère. »

Esi reparut, versa du vin de palme dans les calebasses, s'éclipsa vers le fond de la salle.

Oduro, les lèvres encore brillantes du vin de palme, tapota le bras de Kayo pour lui montrer sa fameuse fiole en bois.

Kayo lui fit signe que oui, puis il se tourna vers Garba. « Vous devriez essayer. Dans le vin de palme. Ça donne un bon coup fouet. »

Garba fit un clin d'œil au féticheur, qui lui versa quelques gouttes de sa potion.

Kayo se tourna de nouveau vers Opanyin Poku. « Alors, quand est-ce que vous avez vu Kofi Atta pour la dernière fois ?

— Ça fait moins d'une lune que je l'ai vu ; il était très tôt le matin, et il partait au champ. Toi-même tu sais que le temps des toutes premières récoltes de *cacao* approche... »

Kayo essayait de se rappeler s'il avait jamais eu vent d'une première récolte de cacao juste après le mois de juillet, mais tout ce dont il parvenait à se souvenir était que les récoltes s'étalaient d'octobre à janvier. Pendant cette période, les distributeurs de denrées agricoles diffusaient à la télévision des spots destinés aux agriculteurs alors même que, songea Kayo, les paysans ghanéens qui regardaient la télévision ne devaient pas être légion. Il secoua la tête, comme pour se remettre les idées en place. « Et à ce moment-là, est-ce que Kofi Atta vous a dit quelque chose ?

— Kwadwo... » Le chasseur pointa son index vers Kayo. « Toutes tes questions auront une vie bien plus longue que la mienne. Nous avons bu, et bientôt nos plats vont arriver. Laisse-moi te raconter mon histoire. »

Kayo poussa un profond soupir.

« 1953. » Le chasseur pointa de nouveau l'index, et l'ombre de son doigt se projeta, amplifiée, sur le mur derrière lui. « Cette année n'a jamais ressemblé à aucune autre. Je ne suis pas un homme de livres comme toi, Kwadwo, mais toi-même tu peux aller vérifier... Parce que, sɛbi, les problèmes que nous avons dans ce monde d'aujourd'hui, beaucoup de ces problèmes ont à voir avec l'année 1953 en question. » Il reprit une gorgée de vin de palme. « Dans la tradition de nos Aînés, sɛbi, je vais peut-être me glisser moi-même dans cette histoire, mais ce n'est pas moi, hein. Vous avez bien entendu ? »

Le petit auditoire du chasseur acquiesça. La flamme de l'unique torche suspendue au milieu de la salle, derrière Kayo et Garba, se reflétait dans les yeux d'Opanyin Poku, tandis que sur le mur derrière le chasseur et le féticheur, les ombres des hommes s'entremêlaient comme autant de bras du même fleuve.

C'était l'année d'après celle qui a vu Nkrumah s'asseoir au rang des Aînés de notre pays. Ce que je dis, sɛbi, c'est que même si l'homme blanc anglais était encore chez nous, Nkrumah était devenu *Premier ministre*. Il a voyagé partout, il a visité les villages, il a salué les gens. Oui, il a visité ce village ici même (Oduro peut en témoigner), et beaucoup d'autres villages dans la région. Dans l'un de ces villages, c'est là que le cultivateur de *cacao* de mon histoire vivait. Ce que je dis, c'est que le village là était exactement comme notre village ici, mais il y avait plus d'arbres. Même si on allait au bord de la route, on ne pouvait pas voir loin devant – avec tous les arbres là, c'était dense dense. Ah, 1953. Cette année n'a jamais ressemblé à aucune autre. Dans le village (nous allons dire que son nom est Kakrom), il y avait un musicien du roi qu'on appelait Tintin, qui avait fait le chemin à pied jusqu'à l'*église* de Tafo parce qu'il avait entendu les gens raconter qu'ils avaient là-bas un instrument nouveau qui jouait la musique. Tout le monde était au village quand Tintin est revenu de Tafo en criant fort comme une perdrix que quelqu'un est en train de pourchasser. Il a dit que l'instrument là (il a appelé ça *orgue*) était un instrument du mal, parce qu'il avait le pouvoir de mettre les gens debout – chaque fois que l'homme blanc anglais mettait son doigt dessus, tout le monde se levait ; la musique était douce, mais l'instrument était maudit.

Mais la nuit du jour même, notre musicien Tintin là, il a disparu. Tout le monde a pensé, sɛbi, c'est parce que la mort est venue le prendre, mais plus tard je vais vous dire la vérité. Pour le moment, comme disent toujours nos Sages, nul ne doit se détourner de l'éléphant pour aller lancer des pierres au petit oiseau. L'histoire que je vous raconte maintenant, c'est l'histoire du cultivateur de *cacao*. La nuit où Tintin a disparu, l'épouse du cultivateur a donné naissance à une fille, qu'on a appelée Mensisi. Son cri était tellement puissant, il a transpercé la forêt comme un coupe-coupe. Les feux dans le village étaient encore allumés, et ça brillait rouge sur la figure des gens qui attendaient pour entendre la nouvelle de l'enfant. Hmm, vous allez être choqués quand je vais vous dire que personne n'a été surpris par les choses qui sont arrivées après cette naissance mais, 1953, c'était une de ces années comme ça.

Tout de suite après la naissance de l'enfant, quand les vieilles sont sorties de la case pour murmurer dans l'oreille du cultivateur la nouvelle de sa fille, et quand il est parti fêter ça avec du vin de palme, la mort est venue prendre l'épouse. (Buvons ensemble un peu de vin de palme pour ceux qui sont partis de l'autre côté.) Ce que je dis, c'est que toutes les choses sont entre les grandes mains d'Onyame ; mais il peut être dit aussi que la mort de son épouse est vraiment la chose qui a apporté au cultivateur de *cacao* tous ses embêtements.

Il y eut un bruit de pas légers. Comme Kayo se retournait pour voir qui approchait, le chasseur s'interrompit et sourit. Esi entra dans la salle par une porte dérobée au fond de la buvette, portant un grand bol d'eau. Les contours de sa silhouette, guère visibles tant qu'elle se trouvait de l'autre côté du flambeau, au milieu de la case, se dessinèrent très distinctement dans le contre-jour lorsqu'elle se rapprocha de la tablée. Le pagne de batik orange et noir tout simple qu'elle portait à même la peau, noué au-dessus de la poitrine, prenait de l'ampleur à mi-hauteur de son corps, au niveau de ses hanches, qui se balançaient avec l'aisance nonchalante d'un pendule d'hypnotiseur. Elle se pencha au-dessus d'eux, déposa le bol d'eau au milieu de la table, sans bousculer les autres calebasses, et s'écarta d'un pas. Ses pieds nus paraissaient tout sombres sur le sol de terre battue, craquelée. Kayo ressentait les effets mêlés de l'alcool de palme et de la concoction de hwɛma d'Oduro ; le monde en était plus léger, irréel.

Le chasseur plongea sa main dans le bol d'eau.

« Aaah… il est temps de manger fufu et viande. Ici, c'est le meilleur fufu que j'aie jamais mangé. Demandez à Oduro. »

Oduro hocha la tête et se lava la main à son tour. Kayo fit de même.

« Votre histoire est fascinante, dit Garba en trempant la sienne dans l'eau. Il m'intéresse beaucoup, ce musicien.

— Ah, mais je vais tout vous raconter… Prenez patience. » Le chasseur regardait fixement le bol, toutes ces mains qui, plongées dans l'eau, la faisaient ondoyer, et il souriait. « Eï, cette terre ! » s'exclama-t-il soudain.

Kayo retira la main du bol et projeta d'une chiquenaude les gouttelettes d'eau sur le sol derrière lui, à bonne distance des pieds d'Esi.

« Et donc, Opanyin, votre planteur de *cacao* là, quel est son nom ? »

Opanyin Poku regarda d'abord Esi, lui adressa un large sourire, puis se retourna vers Kayo et Garba. « Disons qu'il s'appelle Kwaku Ananse. »

Oduro s'esclaffa, tapant du pied, tandis qu'Esi étouffait un fou rire derrière sa main, tout en se penchant pour reprendre le bol d'eau, qu'elle emporta. Elle revint bien vite avec sa mère pour leur servir des écuelles en terre cuite garnies de boules de fufu baignant dans la sauce de noix de palme la plus riche et la plus rouge que Kayo eût jamais vue. À la surface flottaient des morceaux de gombos, de piments et d'aubergines amères. De bonnes portions de viande d'antilope à demi immergées dans la sauce montaient la garde, tels des vaisseaux d'escorte autour de pâles et crémeux îlots de fufu. Les plats étaient tout fumants.

Akosua alluma un flambeau près de leur table pour leur montrer ce qu'ils allaient manger, puis, passant son bras autour de la taille de sa fille, elle l'entraîna d'autorité vers l'arrière-salle.

Oduro versa un peu de vin de palme au sol et dit : « Pères, nous partageons ce repas avec vous. »

Les quatre hommes se regardèrent, inclinèrent la tête et, comme un seul, trempèrent leurs doigts dans la sauce écarlate.

Cela ne fait mystère pour personne que lorsqu'une chose quitte un jour la main qui la tenait, à sa place la douleur peut venir s'installer. De la même façon, la pluie vient s'installer à la place des nuages. Ce que notre propre raison ne sait pas expliquer, c'est la force que prend la pluie quand elle tombe. Hmm. Lorsque la mort est venue chercher l'épouse de Kwaku Ananse, lui-même a pleuré fatigué paaa, il a pleuré fort paaa. La vérité, beaucoup de gens disent qu'il n'a jamais cessé de pleurer. Que pendant des lunes et des lunes il n'a fait que dormir et se réveiller sans jamais regarder le ciel, jamais jamais. Il traînait ses pieds pour aller jusqu'au champ, comme une créature frappée par le feu d'un fusil, et il traînait encore ses pieds pour retourner chez lui, avec son coupe-coupe dans la main. Mais le coupe-coupe là, il n'a même jamais utilisé ça. Alors les plantes sauvages ont commencé à pousser en désordre dans son champ, avec loofah, avec herbes des éléphants, avec mmofra forowa, et les épines ici ici sous les plants de *cacao*, qui couvraient toute la terre comme la barbe couvrait sa figure. Ah. Et le vin de palme. (Vous-même vous savez que je ne m'amuse pas avec l'affaire du vin de palme.) Le vin de palme. L'homme buvait le vin de palme comme la rivière boit la pluie. Donc, comme je disais avant, il allait et il venait comme ça jusqu'ààà, sa barbe et sa moustache ont mangé sa bouche seulement. Et c'est là que les gens se sont souvenus qu'il n'avait pas parlé depuis que la mort était venue lui prendre son épouse.

Donc, sa belle-mère Yaa Somu est partie au-devant de lui un matin quand il marchait pour aller au champ, et elle a pris le coupe-coupe dans la main de son beau-fils, et elle a pointé ça sur lui.

Kwaku, cesse d'importuner les ancêtres avec tes questions et regarde autour de toi. Vois les sauterelles, vois aburuburu, vois wansima ; mon fils, toutes ces créatures meurent aussi, mais la vie de leurs semblables continue son chemin. Écoute-moi bien, ne va pas te fourvoyer à croire que le grand Onyame te doit quelque chose. Tu as une fille magnifique, et elle n'a même pas encore vu ta figure. Cesse de pleurer la morte, occupe-toi de la vivante.

Elle a levé le coupe-coupe comme si elle voulait le frapper et elle a déposé ça devant ses pieds. Je vous jure sur les mânes sacrés de ma mère, Kwaku Ananse n'a même pas bougé. Eï !

Mais c'est vrai que tous ceux qui connaissaient vraiment Ananse pouvaient comprendre sa peine. Sɛbi, depuis que son pénis avait appris à se lever pour ce qu'il est supposé accomplir, Ananse avait tout fait pour se rapprocher de celle qui allait être son épouse. En grandissant, quand il a appris comment marche le monde, il a vu aussi, sɛbi, qu'elle était devenue l'une des filles les plus belles des seize villages de notre chefferie (hmm, ce que je dis quand je dis belle, c'est vraiment… kama ! les seins dressés, les cuisses charnues, le sourire plus grand qu'une accolade… pas une de ces filles maigres d'aujourd'hui là), donc il a compris qu'il ne serait pas le seul à demander sa main. Il avait besoin de trouver la richesse et il a cherché comment la trouver. Même s'il n'était pas né d'un père riche, il était quand même apparenté au chef du village, donc il est parti humblement demander audience pour qu'on lui donne une terre et planter *cacao* dessus.

Cultiver *cacao* là, c'était problème en ce temps ; beaucoup de maladies venaient dedans, donc personne ne plantait ça dans nos villages. On cultivait toujours manioc et igname, manioc et igname, et les cultivateurs gagnaient bien leur argent avec ça. Donc Nana Sekyere voulait lui demander de bien réfléchir avant de décider, mais le feu qui brillait dans les yeux de Ananse a tourné son cœur. Et c'est comme ça que Ananse est devenu le seul cultivateur de *cacao* dans tous les villages de notre chefferie. Les gens ont dit qu'il y avait vraiment quelqu'un pour veiller sur lui, parce que la même année là, *gouvernement* a trouvé des médicaments pour tuer les maladies de *cacao*. Deux ans après sa première récolte, Ananse était déjà devenu un homme riche et il avait fait mariage avec la femme qu'il cherchait depuis le temps où il était petit garçon.

Donc, sɛbi, perdre son épouse après deux ans de mariage comme ça, ce n'était pas une chose facile pour Ananse. Mais comme sa belle-mère en personne disait, il avait encore une fille à regarder. Ce que je pense, c'est qu'il s'est assis pour bien réfléchir à son affaire, et lui-même a vu que sa belle-mère avait raison, donc il a cessé de pleurer.

Un matin, je revenais de la forêt (j'étais parti vérifier mes pièges et j'avais pris quatre ndanko), quand j'ai vu Kwaku Ananse marcher pour aller rendre visite à Yaa Somu. Il avait enlevé sa barbe, sa moustache et le grand tas de cheveux qui avait poussé sur sa tête. Il a dit, Agooo, et Yaa Somu est sortie, elle était en train d'attacher son pagne sur ses seins. Ananse est tombé sur ses genoux, il a supplié que sa belle-mère devait lui pardonner. Yaa Somu lui a dit de se lever et de cesser ses bêtises, et c'est là qu'elle est retournée dans la case pour revenir avec l'enfant.

Elle a dit, Tu es parti voyager dans le pays de l'ombre, mais pendant ce temps, moi et tes autres parents, nous avons fait la cérémonie de sortie de cette enfant pour toi. Son nom est Mensisi. Nous la chérirons toujours, mais à partir de ce jour elle devra dormir dans la maison de son père.

Et à partir du jour là, Ananse s'est occupé de sa fille comme si elle était un don du ciel. (L'enfant n'avait pas atteint sa première année quand il est parti la chercher chez Yaa Somu.) Il la transportait sur son dos tout le temps ; quand il revenait de son champ, il courait vite vite chez Yaa Somu pour apporter des fruits à sa fille, et sur le chemin pour retourner dans sa case il écoutait toutes les petites bêtises qu'elle racontait. C'est pourquoi nous n'avons pas été surpris quand elle-même a commencé à le suivre partout dès qu'elle a appris comment marcher. La vérité, il y a des femmes dans le village qui disaient que ce n'est pas naturel pour un homme de s'intéresser comme ça à sa propre fille ; elles disaient qu'il était comme un amoureux.

Nos Sages disent toujours que toutes les choses dans ce monde sont comme le sommeil ; il vient, et il part. Le bonheur et la folie, c'est comme ça aussi. Au temps de l'histoire que je vous raconte maintenant, un homme est arrivé du lointain pays de *Kenya* pour dire ici que des hommes blancs anglais le pourchassaient pour lui couper les testicules (je te dis, ce monde est plein d'étonnements !), et dans ce moment nous avons compris que vraiment le temps de la folie était venu.

Deux ans comme ça après que celui de *Kenya* est arrivé, notre ami Tintin le musicien est revenu. C'est quand Tintin est revenu que nous tous ici nous avons bien vu la maladie de Ananse.

Mensisi était en train de jouer avec un de mes garçons sous un palmier à côté des chèvres au derrière du village. Ils avaient attaché un hamabiri sur l'arbre, et chacun à son tour tenait le hamabiri pour que l'autre saute par-dessus, comme le jeu que vous appelez *saut ciseau*. Mensisi ne pouvait pas sauter très bien parce qu'elle avait seulement quatre années, mais mon fils avait six années, donc il pouvait. La nuit n'était pas loin ; les chauves-souris avaient commencé à peupler le ciel et le soleil, sɛbi, était déjà en train d'envoyer son message aux buveurs de vin de palme – ceux parmi nous qui se retrouvent pour boire ensemble avant de rentrer à la maison plonger la main au fond du mystère des marmites de nos épouses. Les feuilles dans les arbres prenaient la couleur de l'ombre qui venait, et ceux qui étaient déjà dans leurs cases regardaient s'ils avaient assez de *pitrole* pour le feu du soir. Mais un enfant, il ne va jamais voir toutes ces choses ; pour eux, si la lumière est encore là, c'est le jour.

En tout cas. Mensisi était en train de tenir le hamabiri, mais elle a laissé tomber ça par terre et elle a dit, C'est quoi ça ?

Mon fils a dit, Qu'est qu'il y a ? Pourquoi tu as laissé tomber la corde par terre maintenant ?

Et la petite lui a dit, Écoute. (C'est vrai que Mensisi savait très bien ce qu'elle voulait, même dès son jeune âge.) Et elle a commencé à marcher pour aller dans la forêt.

Mon fils a marché derrière elle, et la nuit est venue.

Voir Kwaku Ananse pendant que les enfants étaient partis, sɛbi, c'était voir la folie vivante. Il voulait faire tellement de choses en même temps que son corps a refusé de bouger catégoriquement. Il est tombé sur ses genoux auprès du palmier où les enfants avaient joué, et il a commencé à frapper la terre. Quand Yaa Somu est allée le voir pour le réconforter, il s'est retourné vers elle, et il a commencé à l'insulter.

Toi là, anyɛn ! Tu ne l'as pas surveillée. Tu étais en train de faire quoi même ? Tu faisais quoi ? C'est quoi ? Je ne peux même plus aller travailler au champ maintenant ? Tu es anyɛn ! Anyɛn ooo, anyɛn.

Yaa Somu s'est tournée pour partir et le laisser seulement. Elle n'avait pas besoin de parler. Nous tous ici nous savions que si elle n'avait pas été présente pendant que Ananse passait tout son temps en train de pleurer son épouse, l'enfant aussi serait morte depuis. Et après encore, même si elle était déjà vieille (plus vieille que la propre mère de Ananse qui était déjà morte), Yaa Somu était celle qui s'occupait toujours de l'enfant chaque jour.

Je suis allé voir Ananse pour lui dire de se calmer. J'ai dit que la meilleure chose à faire, c'est partir chercher les enfants dans la forêt avec mon long fusil, pendant que lui-même n'avait qu'à attendre au village.

Le féticheur du village était d'accord (il s'appelait Oduro aussi, comme notre féticheur ici) ; il a dit à Ananse de cesser de se préoccuper. Il a dit, Nous sommes tous des amis dans les seize villages de notre chefferie ; le seul danger possible, ce sont les animaux et les serpents, mais je suis celui qui fait le meilleur remède contre les morsures de serpents, donc tout sera bien.

J'ai suivi la trace des pieds des enfants, depuis le palmier jusqu'à l'intérieur de la forêt. La nuit était là, mais la lune donnait assez de lumière pour mes yeux, parce qu'ils sont habitués à voir dans l'obscurité ; c'est comme ça que je chasse toujours. Je sentais les herbes et les feuilles des broussailles toucher ma peau, et elles me disaient où j'étais.

Les enfants n'avaient pas trouvé le chemin, donc ils avaient écrasé toutes les broussailles sur leur passage ; dans la faible lumière de la lune, leur piste me semblait comme la trace d'une rivière avec la boue. J'avais pris mon coupe-coupe aussi, et avec ça j'ouvrais mon chemin dans les endroits où ils étaient passés sous les branches grâce à leur petite taille. (C'est comme ça que j'ai vu que vraiment les enfants ne marchent pas droit ooo. Ils sont trop curieux.) J'ai marché à gauche, j'ai marché à droite, encore à gauche, encore à droite ; je coupais des branches de palmier, twapea, citronnier rugueux, jeunes plants de neem, kyerɛkyerɛma, gyedua… Couper, couper, c'est ça que je faisais seulement, couper et penser à mon fils et à la petite Mensisi, quand brusquement j'ai vu une lumière – un feu de torche. Je suis resté tapi dans les buissons avec mon coupe-coupe et mon long fusil, et j'ai regardé. Quand la lumière s'est approchée, j'ai vu deux hommes, très noirs de peau, avec des marques sur la figure (comme notre Garba ici), qui étaient en train de parler. Un homme portait la torche, et l'autre portait deux bâtons (ceux qu'on prend pour jouer adakabɛn, le *xylophone*).

Même si les hommes là ne venaient pas de nos

villages, je voulais leur demander après les enfants, donc je me suis levé. Et là, quand j'ai commencé à marcher vers la clairière, j'ai vu encore un autre homme derrière, avec des cheveux qui étaient plus longs que ceux d'une femme, avec une barbe longue aussi, et qui portait fugu. Il ressemblait à un homme d'un pays lointain, mais quand j'ai vu sa manière de marcher là, j'ai compris que c'était Tintin. J'étais choqué, parce que moi-même je pensais vraiment qu'il était mort, mais j'ai marché pour aller le voir, parce que les revenants aussi, quand on s'approche d'eux, on voit qu'ils sont nos parents. C'est lorsque je suis arrivé dans la clairière que j'ai vu qu'il portait nos enfants, avec un adakabɛn aussi.

J'ai dit, Eï, Tintin, où as-tu trouvé ces enfants ?

Et là, mon fils a sauté pour courir vers moi, et il avait la figure d'un enfant qui vient de faire une bonne chose. Mensisi aussi a couru derrière lui pour venir me voir, et j'ai pris leurs mains dans mes mains.

Tintin souriait, il a dit, Ils sont venus écouter ma musique. J'étais en train de les accompagner au village.

Eï. Ce que je voyais là, c'était comme une histoire dans un rêve. Ce garçon Tintin là, il était parti depuis quatre années comme ça, et tout ce temps il était ici dans notre forêt, et moi-même je ne l'avais jamais vu. J'ai salué ses amis d'abord, et après j'ai touché l'épaule de Tintin, et nous avons fait l'accolade.

Yɛn nua.

Ah ! Tintin ! Comment les enfants ont pu t'entendre jouer la musique avec ce petit adakabɛn ?

Tintin a commencé à rire. Pas celui-ci ; celui-ci c'est un cadeau pour le chef. Le grand. J'ai fait un adakabɛn grand comme leur *orgue* de l'*église.*

Eï, Tintin. Non non non, tu es en train de me mentir. (Moi-même j'avais vu l'*orgue* de Tafo, donc je ne pouvais pas croire ce qu'il me disait.)

Tintin a secoué sa tête. Il a dit, Je vous jure sur la jambe de mon père. Je suis allé jusqu'au Nord pour apprendre, et je suis revenu l'année passée avec mes amis ici, et nous avons commencé à chercher des arbres bons pour fabriquer un adakabɛn. Nous avons terminé de construire ça aujourd'hui même ; c'est pourquoi les enfants ont entendu la musique.

J'ai regardé sa figure paaa. Pour voir si vraiment il n'était pas en train de me jouer un tour. Mais Tintin était sérieux. Donc j'ai demandé, Et on peut entendre ça jusqu'au village ?

Il m'a dit oui avec sa tête.

Allons-y alors, tu vas me montrer, et tu vas envoyer un message au village pour leur dire comment j'ai trouvé les enfants.

Je suis toujours en train de répéter l'adage de nos Aînés, qui dit que même l'aigle n'a pas tout vu, mais quand je suis allé à l'endroit où Tintin et ses amis vivaient, là où il avait construit son adakabɛn là, sɛbi, j'ai presque vu ma mort.

Il avait accroché la chose entre deux baobabs à la hauteur d'un homme, et chaque touche de l'adakabɛn était plus large que mon coupe-coupe. Il y avait tellement de touches que tu ne pouvais pas compter, et même Tintin, un homme long long comme ça, même Tintin était forcé de grimper sur une grande table pour jouer la chose. (Eï, cette terre.) Mais ce qui était vraiment étonnant, c'était les gourdes qui faisaient sonner la musique avec force sous l'adakabɛn. Tintin avait utilisé des calebasses grosses comme les fesses d'une femme, il avait accroché ça au-dessus de la terre, et les calebasses dansaient avec le vent de la nuit, et ça brillait dans l'air humide. De la droite jusqu'à la gauche, les calebasses étaient plus grosses, plus grosses, et au milieu de la partie gauche Tintin avait creusé des trous et tiré des peaux de chèvre dessus, pour donner plus de puissance dans la musique. Les trous dans les calebasses devenaient plus grands, plus grands, jusqu'à la dernière touche, et il avait fait rentrer la dernière touche directement dans la partie creusée au milieu du baobab, donc quand il jouait l'arbre tremblait seulement. Ce que je dis, c'est que tout ça là était attaché ensemble, et il y avait tellement de cordes que si j'avais vu la chose depuis une longue distance, j'allais croire que c'était une araignée géante en train d'attraper toutes les choses dans la forêt.

Tintin a grimpé sur sa grande table, et il a joué.

Yɛn ahu wɔn ooo, yɛn ahu nkɔla no.

Dix fois comme ça, il a joué, et même si ce n'était pas sur un tam-tam, je savais que Oduro et l'okyeame du chef avaient bien entendu le message.

Je vous dis, l'adakabɛn sonnait tellement fort que j'ai cru que Tintin était en train de jouer sur ma propre peau. Et c'est comme ça que nous sommes retournés ensemble au village, et tout le monde était là avec son feu de torche sous l'arbre tweneboa, en train d'attendre et se questionner sur le bruit qui avait envoyé un message pour parler des enfants.

Et c'est devant tout le village rassemblé que la folie de Ananse est sortie comme devant le jour. Il est venu vers moi, il a attrapé son enfant et il a commencé à la frapper. Il a giflé sa figure, il a donné des coups avec les pieds. Il a cogné sa tête, il a tiré sur ses oreilles. L'enfant là avait quatre ans ! Est-ce que vous pouvez même croire ce que je vous dis ? Yaa Somu a tenté de le stopper, et il a jeté la vieille par terre, donc nous les hommes nous sommes allés pour le maîtriser. Mais il a tapé beaucoup d'entre nous avant. Hmm. Quelque chose a changé dans le village après ça. Avant, beaucoup d'hommes avaient l'habitude de corriger leurs épouses de temps à autre, mais quand nous tous là nous avons vu ce que Kwaku Ananse faisait, nous avons compris pourquoi nos Aïeux disaient que l'homme brave doit montrer son courage et sa force sur le champ de bataille, et non dans sa maison. Ce que nous avions coutume de faire là, ce n'était pas correct. La force qu'on nous a donnée, cette force doit nous servir pour protéger nos semblables, et non pour faire de nos semblables des esclaves. Donc, sɛbi, c'est à cause de Kwaku Ananse que les hommes ont cessé de battre leurs femmes dans le village. Eï. La nuit là, j'ai vu que ce que les femmes disaient depuis longtemps sur Ananse était vrai : l'amour qu'il avait pour cette enfant n'était pas naturel. Ce que je dis, c'est qu'il a encore frappé la petite plusieurs fois après ça, et particulièrement quand elle sortait de l'école (notre ami de *Kenya*, c'est lui qui a construit l'école de nos villages et enseigné l'écriture à nos enfants). Mais quand je pense à la chose maintenant, je me souviens que, chaque fois, chaque fois un garçon ou un homme était dans l'affaire. Ça le brûlait. C'est ça que Yaa Somu a vu la nuit là ; et c'est pourquoi elle a maudit Kwaku Ananse devant tout le monde dans le village, et dans ses yeux les feux de toutes les torches dansaient.

Yaa Somu a ramassé l'enfant sans mouvement par terre, et elle est partie un peu loin de Ananse, et elle a parlé. Si tu la frappes comme ça encore une fois, je vais te tuer, et même si je ne suis plus là, le jour où un enfant va commencer à exister dans ses entrailles, le jour là ta punition va commencer. Au nom de tous mes ancêtres, je te maudis. Tu n'es pas un homme. Il n'est pas un homme, celui qui lève sa main sur une femme de soixante ans. Je te maudis.

La vérité, Ananse a eu la chance que, dans la même lune, un *camion* qui roulait trop vite sur la route a tué Yaa Somu quand elle était en chemin pour aller rendre visite à sa fille aînée pour les célébrations d'*Indépendance* à Accra. Parce que, sans mentir, elle allait le tuer. La femme là était puissante ; ce qu'elle avait promis de faire, elle allait le faire, obligé.

Akosua Darko vint donner un petit coup sur leur table. « Mes grands frères. Il est temps de partir. Vous êtes ici depuis l'ouverture. »

Kayo releva la tête et sourit à la femme. « Ah,

Tantie, nous ne sommes pas restés si longtemps… Nous allons bientôt terminer. Opanyin ici nous raconte une histoire, une très bonne histoire. » Il désigna le chasseur, qui regardait Akosua en arborant un sourire malicieux.

Akosua sourit. « J'ai déjà entendu quelques histoires d'Opanyin Poku. Aucune d'entre elles ne peut se terminer en une seule assise. » Elle tendit le bras pour attraper la grande calebasse de vin de palme, qu'ils avaient entièrement vidée. « D'autres sont arrivés ici, ils ont mangé et ils sont repartis. Mais vous, vous êtes encore là, à boire du vin de palme. Il est…

— Est-ce qu'il vous a raconté l'histoire de Kwaku Ananse ? » Garba parlait d'une voix enfantine, inarticulée.

Oduro posa la main sur son bras. « Mon ami, la moitié des histoires de ce pays parlent de Kwaku Ananse. »

À peine le chasseur eut-il fini sa calebasse qu'Akosua la ramassa, puis elle se saisit de celle d'Oduro.

« Vous allez dormir dans la case près de la mienne, leur dit le féticheur. Vous n'aurez pas besoin de cette *tente* que vous avez apportée. »

Garba regardait toujours Akosua, attendant une réponse à sa question à propos de Kwaku Ananse.

Elle secoua la tête et lui adressa un regard indulgent. « Il est temps pour moi d'aller me coucher et dormir. Je vous dirai tout ça demain. »

Kayo siffla le fond de sa calebasse, la reposa sur la table et tapota l'épaule de Garba. « Allons-y. »

Dans un dernier sursaut d'énergie, Garba avala le reste de son vin de palme, puis il s'inclina en tendant sa calebasse vide à Akosua Darko.

Juste avant de quitter la buvette d'Akosua Darko, Kayo avait de nouveau entendu les échos lointains d'un xylophone. À présent, il attendait que s'apaise la respiration de Garba pour ressortir poursuivre ses investigations dans le village. Deux nuits de suite, ce ne pouvait être une coïncidence, quelle que soit la quantité d'alcool qu'il avait ingurgitée chaque fois. Sans ouvrir les yeux, il farfouilla à l'intérieur du paquetage qui lui servait d'oreiller pour en extirper sa lampe torche. Quelques minutes plus tard, il jeta un coup d'œil en direction de Garba. Allongé sur le dos, torse nu, son pistolet posé près de sa main droite, l'agent respirait doucement.

Kayo passa le seuil de la case en rampant, tressaillit quand la natte de raphia lui frôla le dos dans un bruissement. Dehors, il se mit en position accroupie et se faufila vers le sentier qui menait au champ d'Asare. Sonokrom était plongé dans le noir. Seule la faible lueur d'un quartier de lune éclairait la nuit. Le silence était si profond qu'on eût pu entendre un murmure. Ce n'est qu'une fois parvenu à la lisière du village, au-delà de la haie vive, que Kayo s'aperçut qu'il avait, tout ce temps-là, retenu sa respiration.

Il prit un grand bol d'air, alluma un court instant sa lampe torche pour mémoriser le tracé du sentier et poursuivit son chemin dans le noir. Il se dirigeait du côté de la bambouseraie où avaient brûlé les restes retrouvés dans la case de Kofi Atta, mais il avait aussi l'intention de pousser plus avant en direction du nord, vers l'endroit d'où émanait, lui avait-il semblé, les nappes de sons du xylophone.

Le récit du chasseur s'était révélé parfaitement divertissant, mais Kayo doutait fort qu'il fût imaginaire. Cette nuit où il avait pour la première fois entendu la musique de la forêt, il n'en avait pas pensé grand-chose, mais maintenant qu'Opanyin Poku leur avait raconté l'histoire de Tintin et de son xylophone géant, il était convaincu que ce phénomène pouvait être le chaînon manquant entre l'histoire du chasseur et les récents événements survenus à Sonokrom. Il n'était pas tout à fait sûr de ce qu'il ferait s'il finissait par trouver le fameux xylophone, mais il pressentait que c'était un élément important. Un mouvement dans son dos le fit pivoter sur lui-même, de nouveau il se baissa au ras du sol pour esquiver une éventuelle attaque. Il alluma la lampe torche et balaya de son faisceau le sentier derrière lui. Rien. Les buissons se balançaient mollement dans la brise nocturne, le village était plus que jamais plongé dans l'obscurité. Kayo regretta tout à coup d'être sorti sans Garba. Il n'avait aucune raison de le tenir à l'écart de cette petite excursion, surtout maintenant qu'il était certain qu'aucun sentiment de loyauté profonde ne l'attachait à Donkor.

Un peu plus tôt, grisé par le délicieux vin de palme d'Akosua Darko, Garba lui en avait dit davantage sur la façon dont le CCRP avait conquis et continuait d'entretenir son influence au sein des cercles dirigeants.

« Monsieur Kayo, vous savez que vous êtes forcé de résoudre cette affaire par tous les moyens possibles, non ?

— Pas du tout. L'inspecteur a dit qu'il voulait un rapport, donc je travaille à lui fournir un rapport, c'est tout.

— Vous êtes sûr ? » Garba, le corps penché de côté, agitait son doigt en direction de Kayo. « A-Ah, vous ne connaissez pas l'homme là, hein ! Vous ne connaissez pas l'homme là !

— Pourquoi vous dites ça ?

— Monsieur Kayo, à l'heure qu'il est, Donkor a déjà menti à son ministre pour dire que l'affaire est résolue. C'est comme ça l'homme là travaille ! Vous croyez la carrière du type a fait progrès comment même ? Tous les enfants du ministre là, il envoie permanemment police surveiller ça, non ? Ou bien vous ne savez pas ? Et le jour qu'ils vont faire chose, accident ou consort, c'est le CCRP en personne qui va couvrir l'affaire et aller dire à son ministre comme quoi il a contrôlé la situation correctement. » Garba eut un petit rire. « Mais vous et moi ici, on sait il n'y a pas de correctement dedans, non ? Quel ministre va laisser que les gens vont apprendre comment son enfant a causé accident ?

— Je vois. » Kayo hocha la tête. « Garba, vous êtes

content de travailler dans la police ?

— Un homme qui a son estomac bien rempli ne peut pas se plaindre.

— Oui, bon... Ça, c'est ce que dit le dicton. Mais vous, ça vous plaît de travailler pour eux ?

— Une partie du travail me plaît, comme cette mission avec vous, parce que j'apprends les enquêtes, tout ça là, mais parfois sur la route, leur façon de traiter toutes les choses comme affaires de politique là, hmm hmm, ça ne me plaît pas. Tu vas interpeller une personne pour trafic de drogue un jour, et le jour qui vient après on va le laisser partir ? Non non non, ça là c'est pas correct. »

Kayo secoua la tête et lui donna une petite tape dans le dos. Ils marchèrent sans plus rien dire jusqu'à leur case. Quant à Oduro et Opanyin Poku, ils avaient déjà disparu, ayant quitté la buvette d'Akosua Darko alors que Garba en était encore à siffler le fond de sa calebasse.

Kayo huma de nouveau l'odeur douceâtre qui avait envahi l'air quand ils avaient brûlé les restes la veille. Il se rapprochait de la bambouseraie, pénétrait en territoire inconnu. Il eut envie de rallumer sa lampe torche mais se réfréna. Il ferma les yeux, puis les rouvrit lentement, pour les accoutumer à la clarté lunaire. Il distingua alors un sentier très légèrement marqué au sol et s'y engagea, forçant l'allure par de longues enjambées, l'oreille aux aguets, attentif au moindre bruit. Il songea qu'il avait bien fait de chausser des bottes à la place de ses baskets en quittant

Accra ce matin-là, quantité de serpents et scorpions étant susceptibles de s'abriter dans le tapis de broussailles qu'il foulait. Il était toujours étonné de voir les enfants du village gambader partout nu-pieds.

Quand il eut parcouru un peu plus d'une centaine de mètres au-delà de la bambouseraie, Kayo aperçut une lueur qui ne pouvait être que le vacillement d'une lampe. Certes, il se pouvait que cette lumière provînt d'un village des environs, mais il était certain que les habitants des autres clans se couchaient à la même heure que ceux de Sonokrom. Kayo regretta de n'avoir pas pris avec lui son appareil photo. Un instant, il se demanda même s'il ne devait pas retourner à Sonokrom le chercher, plutôt que de continuer son chemin, mais avant même qu'il ne se décide, une agitation soudaine troubla le silence vers sa gauche. Et une forme sombre se précipita sur lui, le renversant à terre avant de disparaître en quelques bonds. Kayo hurla de douleur et s'effondra. Avec les pieds, avec les mains, il farfouilla à travers le tapis de broussailles pour retrouver sa lampe torche puis, lentement, il se releva. Alors qu'il frottait ses vêtements pour enlever la terre qui les maculait, il entendit un bruit de sabots s'éloignant. Puis la vive clarté d'un flambeau illumina la brousse, et Kayo se retourna pour voir Oduro et Opanyin Poku qui s'avançaient vers lui, venant du village.

« Nous avons entendu crier », dit le chasseur.

Kayo secoua la tête. « Ce n'était rien. Juste une antilope qui m'a renversé, je crois. »

Opanyin Poku s'accroupit. Il tenait la torche

enflammée dans sa main gauche, examinant le sol à l'endroit où se tenait Kayo. « Cob, dit-il en se redressant. Il fuyait quelque chose. »

« Que faisais-tu ici, mon ami ? » demanda Oduro.

« Une petite marche, répondit Kayo. J'essayais d'éclaircir mon esprit embrumé par les vapeurs du vin de palme avant de me coucher, et c'est le seul sentier que je connais dans la forêt.

— Il faut faire attention. Certains sentiers sont sacrés ; tu dois demander avant d'aller te promener comme ça. » Et le féticheur s'éloigna en direction du village, laissant Kayo en compagnie du chasseur.

Opanyin Poku demeura silencieux tout le long du trajet de retour jusqu'à la lisière du village, mais au moment de bifurquer vers sa concession, il dit : « Demain, je pourrai te montrer les sentiers de la forêt, si tu veux.

— Ce ne sera pas nécessaire. » Kayo secoua la tête et baissa les yeux au sol. « Dormez bien, Opanyin.

— Dors bien, Kwadwo. »

Une fois revenu dans la case qu'il partageait avec Garba, Kayo se rendit compte que l'agent avait disparu. Tout comme avait disparu son arme. Il s'approcha de la natte de Garba, comme s'il s'attendait à le voir surgir du néant.

« Monsieur Kayo ? »

Kayo tressaillit. Derrière lui se tenait Garba, seulement vêtu d'un pagne noué autour de la taille, son pistolet bien calé à la hanche, et toujours torse nu.

« Garba ! Mais où étiez-vous passé ?

— Je vous ai suivi, saa'.

— Suivi ? Donc… vous avez vu les vieux ?

— Oui. » Garba extirpa l'arme du nœud de son pagne et la posa sur le sol, se réinstallant pour finir sa nuit. « Vous êtes parti chercher quoi là-bas même ? »

Kayo étouffa un petit rire. « Vous allez vous moquer.

— Je vous jure sur la jambe de ma grand-maman, je ne vais pas me moquer.

— Je cherchais Tintin, le musicien…

— Dieu merci, ma grand-maman est déjà morte ! » s'esclaffa Garba. « Saa' ! Vous avez pris trop de vin de palme ou quoi ?

— … et le xylophone.

— Ah ! Monsieur Kayo, c'est seulement une histoire, hein. »

Kayo s'étira de tout son long sur la natte et soupira. « Je sais, Garba. Je sais. » Il ferma les yeux et, juste avant de se laisser gagner par le sommeil, tendit encore un peu l'oreille pour mieux entendre l'écho lointain du xylophone.

FIDA

Kayo étira les orteils et plissa les yeux vers le soleil qui venait se déposer sur lui par la petite fenêtre. D'abord, il eut le sentiment que régnait un calme absolu, mais au bout de quelques minutes il entendit quelques caquètements de poules, et un peu plus loin des roucoulements de pigeons. Il mit la main sur sa joue, à l'endroit où les stries de la natte s'étaient incrustées dans la peau, et il ferma encore les yeux. Il avait dormi plus longtemps que prévu. À l'autre bout de la pièce, la natte de Garba était nue, et celle qui masquait habituellement l'entrée de la case avait été relevée.

Une fois expédiées ses cinquante pompes habituelles, Kayo roula sa natte, l'appuya contre un mur et sortit sans même se soucier de passer une chemise.

Il n'y avait personne juste devant la case, mais à vingt mètres sur la gauche, assis sur la souche de palmier au pied de l'arbre tweneboa, à côté d'une femme d'un certain âge, il aperçut le chasseur, qui tenait sa radio collée à l'oreille. Avisant Kayo, l'ancien esquissa un geste de salutation. La présence de la Range Rover devant l'arbre, avec son antenne télescopique et son éclat bleu nuit reluisant, sembla à

Kayo parfaitement incongrue. Il répondit au salut du chasseur d'un autre signe de la main. Ce jour-là, il prévoyait d'interroger les habitants du village au sujet du disparu ; il lui fallait rassembler toutes les pièces du puzzle pour élaborer une hypothèse cohérente sur ce qui s'était passé dans la case de Kofi Atta. Même s'il ne parvenait pas à obtenir ce que Donkor lui réclamait, Kayo avait bien l'intention de découvrir la vérité.

Jusqu'à présent, il n'avait rien. Tout ce qu'il pouvait affirmer avec certitude, c'était ce qui n'était pas arrivé. Avec ce sol de terre battue partout dans le village, il était impossible de faire des relevés d'empreintes précis. Quand bien même un cadavre entier aurait été retrouvé et identifié, les seules informations dont Kayo disposait ne lui auraient jamais permis de monter un dossier criminel.

Il secoua la tête. Il avait l'impression de revivre la mort de son grand-père : pas de faits avérés, pas de témoins, pas d'aveux ; il ne se sentait guère plus avancé que le petit garçon de dix ans qu'il était alors, la tête pleine d'extravagantes suspicions. À la différence près que, cette fois, il ne savait même pas qui suspecter. Il avait le sentiment très net que les villageois qu'il avait rencontrés en savaient plus qu'ils ne le laissaient entendre ; en fait, il était sûr et certain qu'Oduro et le chasseur, surtout, en savaient beaucoup plus qu'ils ne le disaient. Mais aucun d'eux n'affichait cet air de fausse contenance que donne le sentiment de culpabilité à ceux qui l'éprouvent.

« Monsieur Kayo ! Monsieur Kayo ! »

Il releva la tête et vit Garba s'arrêter un instant sous l'arbre tweneboa, le temps de saluer Opanyin Poku, puis débouler vers lui au pas de course, comme si lui, Kayo, avait été son seul ami, qu'il retrouvait enfin après une longue séparation. Garba était torse nu, et ses grandes mains chargées de mangues mûres.

Quand il arriva devant Kayo, Garba lui tendit trois mangues. « Bonjour bonjour, monsieur Kayo. Vous avez bien dormi ? » Un petit sourire espiègle flottait au coin de ses lèvres.

Kayo prit les fruits et acquiesça. Il essuya une mangue sur son pantalon, mordit dans la chair. Un délice.

« Chaley, les villageois là, ils sont sans la peur devant nous la police ooo. J'ai parti pour questionner les gens vers ici. » Il désigna d'un grand geste du bras les cases au-delà de l'arbre tweneboa. « Tout le monde là, ils ont ri devant ma figure seulement. »

Kayo fut à deux doigts de faire remarquer à Garba qu'il aurait pu s'y attendre, étant donné qu'il était allé interroger les gens torse nu. Au lieu de cela, il sourit. Garba avait sans doute raison. La police ne s'aventurait probablement jamais dans la région ; les gens vivaient ici en petits clans parfaitement autonomes et, songea Kayo pour lui-même, un brin cynique, il n'y avait personne à qui soutirer sans cesse des pots-de-vin. Comme il était plaisant de découvrir un coin de pays où la redoutable réputation des forces de police n'avait aucun effet sur la population. Kayo recracha une peau de mangue coriace. « C'est quels villageois vous avez questionné même ? »

À l'est du village, Garba désigna trois cases blotties autour de la buvette d'Akosua Darko. « Les trois là-bas. Un ici, c'est chez Akosua Darko. » Garba sourit à cette observation. « Et un autre là, c'est la maison d'un certain chauffeur. Chauffeur là n'est pas au village présentement, mais j'ai questionné son femme et enfants. Un enfant a fait malade un peu, donc la femme a dit elle va envoyer la fille chez vous.

— Chez moi ? Pourquoi ? » Kayo balança le noyau de mangue, maintenant tout nettoyé, au milieu d'un fourré de broussailles près de la case.

« Vous là c'est docteur vous travaille ou bien c'est quoi ? »

Kayo leva les yeux au ciel. « A-Ah, Garba ! Je ne travaille pas docteur vrai vrai ooo !

— Ah, monsieur Kayo, c'est pas moi j'ai dit ça à la femme hein ? C'est vieux Oduro il a dit ça.

— C'est ça... » Kayo poussa un grand soupir. « Et les gens que tu es parti pour questionner là... c'est quoi on t'a dit là-bas ? »

Garba tira de sa poche un petit carnet et, d'un seul coup, Kayo sentit monter en lui une bouffée de rage – il venait de se rappeler la nuit de son arrestation par le sergent Ofosu et l'agent Garba. Mais bientôt la colère passa. Victime du système, Garba l'était tout autant que lui. Et surtout, un homme qui gardait toujours dans sa poche un petit carnet de notes, c'était forcément un homme pour lequel le bon ordre et la logique comptaient. Cela, Kayo ne pouvait que s'en féliciter. Il se gratta le menton, sourit.

Garba fit glisser la pointe de son stylo le long de la

page. « Akosua Darko, et son fille, et son garçon, tous ils ont dit ils n'ont pas rien rien vu. Depuis que ils n'ont pas vu Kofi Atta là, ça fait trois mois comme ça. Chauffeur là, son enfant qui est malade, elle dit elle a vu Kofi Atta ça fait un mois comme ça. Et elle dit aussi, quand elle a vu lui là, c'est comme un homme jeune.

— Un homme jeune ?

— Hmm. Façon comme… il a fait teinture dans son cheveux. Vous connais, non ? Et cheveux gris est parti seulement.

— Je vois… Et c'est quels gens vous avez parlé avec eux encore ?

— Eï, la dernière case là, les gens ont joué procédure avec moi fatigué ! Que je n'ai pas mandat ceci cela. C'est les gens là qui m'ont donné cadeau les mangues. Je pense l'homme là est cultivateur… Si vous avez vu leur case, c'est rempli de nourriture paaa. »

Kayo médita ces informations nouvelles. Tout cela ne lui apprenait pas grand-chose de plus, mais le témoignage de la jeune fille malade qui disait avoir vu Kofi Atta pour la dernière fois un mois plus tôt concordait avec celui du chasseur, qui disait aussi l'avoir vu au même moment. Restait juste ce trou d'un peu plus de trois semaines que, d'une manière ou d'une autre, Kayo allait maintenant s'attacher à combler. Il jeta un œil vers la place du village, où la troupe des enfants avait commencé de se rassembler. Un petit garçon qui s'amusait à tapoter sur l'antenne la plus haute de la Range Rover déguerpit à toutes jambes sitôt qu'Opanyin Poku lui fit ouste.

« Garba ? » Kayo se tourna vers l'agent. « Pourriez-vous envoyer un message radio à Mensah pour lui demander s'il a bien récupéré mes résultats d'analyses auprès de notre ami du labo ?

— Sans problème.

— Si c'est fait, demandez-lui de les faxer au QG de Koforidua et vous irez les chercher là-bas. » Kayo saisit d'un geste vif le petit carnet de Garba et l'ouvrit.

« A-Ah, monsieur Kayo… » Garba prit un air embarrassé.

Il s'agissait d'un nouveau carnet, pas celui d'Accra. Sur la dernière page noircie par l'agent était inscrit le titre *Enquête à Sonokrom – Jour Trois*. Garba avait ensuite établi une liste numérotée de toutes les cases du village qu'il avait visitées : *Case Un, Case Deux, Case Trois…* Kayo sourit, rendit le carnet à son propriétaire. « Merci d'avoir mené les interrogatoires jusqu'ici. Je crois que je vais vous laisser poursuivre ce travail seul, et pendant ce temps je vais tâcher de modéliser la scène de crime.

— Entendu, monsieur Kayo. » Et Garba se dirigea d'un pas résolu vers la Range Rover. Mais Kayo le rattrapa : « Garba, attendez-moi. Je vous accompagne, mon ordinateur est resté dans la voiture. » Quand il se fut suffisamment rapproché de l'agent, il chuchota : « Pourquoi les enfants ne sont-ils pas à l'école ? C'est vendredi, non ?

— Ah, vous avez oublié ? On est en juillet maintenant, c'est les grandes vacances.

— Oui, bien sûr. »

Au pied de l'arbre tweneboa, Kayo s'arrêta pour saluer Opanyin Poku. Le chasseur répondit d'un hochement de tête et dit : « Je te salue, Kwadwo. Tu vois, je suis en train d'écouter *Sunrise FM* de Koforidua. » Son visage était tout animé.

Kayo croisa les bras derrière le dos. « Opanyin, voici donc votre épouse ? Mmaa, je vous salue bien. »

Le chasseur passa son bras autour des épaules de la femme assise à ses côtés, comme s'il venait juste de se rappeler sa présence. « Eeeh… Oui, voici Mama Aku, mon épouse. »

L'ancienne sourit et s'adressa à Kayo en langue ga. « Sois le bienvenu. J'ai entendu dire que tu venais de Accra. Nous t'accueillons à bras ouverts. » Elle posa une main sur le crâne rasé du chasseur et poursuivit : « Et si mon époux ici présent commence à te raconter ses histoires, surtout ne lui prête pas attention ; des histoires, il n'a que ça.

— Oui, Mmaa. » Kayo prit congé du chasseur et de sa femme. Dans la voiture, il récupéra son ordinateur portable et ses batteries de secours avant de retourner vers la case qu'Oduro leur avait prêtée, tandis que Garba envoyait son message radio vers Accra.

Kayo était à mi-chemin entre l'arbre tweneboa et la concession d'Oduro quand une cavalcade de pas effrénés arriva droit sur lui, soulevant la poussière dans son sillage. Il s'arrêta pour éviter la collision et fut surpris de voir surgir Kusi, le bras toujours en écharpe, mais galopant comme s'il avait eu l'usage de tous ses membres.

Le garçon s'arrêta net, plissa les yeux en les levant vers Kayo. « Oncle Kwadwo, ma mère dit qu'il faut que je vous remercie.

— Ah ? Alors tu diras à ta mère que je la remercie de t'avoir dit de me remercier. Comment va ce bras ? »

Kusi leva haut son bras cassé, comme pour l'offrir à Kayo. « Ça va. » Puis il le baissa et désigna l'ordinateur portable. « Ça là, c'est quoi ? »

Kayo sourit. « C'est mon ordinateur. J'ai un petit travail à faire avec.

— Ma mère dit que vous cherchez Egya Kofi Atta.

— C'est vrai. Tu l'as vu, toi ?

— Non… » Kusi baissa les yeux sur ses pieds poussiéreux. « Mais j'ai vu un garçon qui entrait dans sa case. Et ce n'était pas un garçon du village. »

Kayo s'accroupit devant Kusi. « Ah ? Et est-ce que tu te souviens à peu près quand tu l'as vu ?

— Il y a deux semaines comme ça.

— Tintin ! »

D'un même mouvement, Kayo et Kusi se retournèrent pour voir qui avait appelé. Personne. Mais Kayo avait perçu un bruissement dans un fourré de bois-de-lait près d'une case à sa gauche ; il le désigna du doigt.

Comme sur un signal, un groupe de cinq gamins s'en échappa dans un grand rire. Kusi les poursuivit en braillant : « Héé ! Kakra, Panyin, Oforiwaa… » Et ils disparurent ensemble à l'intérieur d'un bosquet.

Kayo passa toute la matinée sur une natte au milieu de la case que le chef du village en personne – dixit Oduro – leur avait attribuée. S'aidant des notes prises dans son calepin vert, il programma une réplique virtuelle du logis de Kofi Atta, vu de l'intérieur et de l'extérieur. Se référant aux cotes prises par Mensah et respectant méticuleusement les échelles, il positionna la petite fenêtre, ainsi que l'entrée de la case.

Cette affaire le laissait toujours aussi perplexe. Et pendant ce temps, l'inspecteur principal Donkor, Kayo le savait, l'attendait au tournant. À l'heure qu'il était, il se démenait probablement pour accélérer l'officialisation de la promotion tant convoitée. Kayo eut un petit rire pour lui-même, bien vite ravalé. Le comportement pour le moins erratique du bonhomme, lorsque Kayo lui avait rendu visite à Accra la veille, était un avertissement suffisant de la menace qui pèserait sur sa propre vie si par malheur il ne parvenait pas à produire pour la fin de la semaine un rapport d'enquête « style *Les Experts* ». Même s'il connaissait la série, Kayo n'avait pas la moindre idée de ce que cela pouvait être, mais il s'était bien gardé de contredire l'inspecteur principal. Cependant, son esprit ne parvenait pas à se détacher des paroles de Kusi. Qu'est-ce qu'un jeune garçon étranger au village avait bien pu aller fabriquer dans la case de Kofi Atta ?

Dans l'après-midi, Garba se présenta au rapport : il s'apprêtait à partir pour Koforidua, où l'attendaient les derniers résultats d'analyses.

« Du nouveau ? » lui demanda Kayo en extirpant son reflex numérique du paquetage.

« Rien, monsieur Kayo. Personne ne l'a vu depuis un mois environ. » Garba se grattait le menton ; avec les poils de barbe poussés dans la nuit, cela produisait comme un petit bruit de scie lointain. « Mais l'homme qui fait le vin de palme, le malafoutier Wusu, il dit qu'il a entendu un canari se briser. Je me demande si ce n'est pas le canari en question, celui que vous m'avez demandé de numéroter l'autre jour.

— Il dit qu'il a entendu ça quand ?

— Tard dans la nuit, ou tôt le matin, le jour où la go du ministre est arrivée.

— Et il a fait quelque chose ?

— Non, rien. Il dit que les canaris là, ça casse tout le temps. Surtout près de chez lui, à cause du vin de palme. Il pensait que c'était un de ses propres canaris, c'est pourquoi il ne s'est pas levé ; il a dit, Mon lit est doux. »

Garba émit un ricanement, puis, avec un regard concupiscent, il ajouta : « Sa femme est vraiment belle. Une très belle femme. »

Kayo secoua la tête. « Voyez ? Je vous demande de mener les interrogatoires et vous passez votre temps à regarder les femmes des gens. »

Une sorte de caquètement s'échappa de la gorge de Garba. « C'est pas ça, monsieur Kayo, c'est pas ça…

— D'accord, d'accord, coupa Kayo en levant la main. Contentez-vous d'aller à Koforidua et rapportez-moi ces résulats.

— Oui, saa' ooo, dit Garba en saluant au garde-à-vous avant d'exécuter un demi-tour réglementaire.

— Et laissez-moi vos notes », lança Kayo en faisant claquer ses doigts.

Garba se retourna, remit à Kayo son carnet et quitta la case au pas de l'oie, en gloussant.

Kayo connecta son reflex à l'ordinateur portable pour y télécharger les photos qu'il avait prises. Une fois les images éditées et mises à l'échelle, il les superposa au schéma en 3D de la case de Kofi Atta. Après quoi, il prit son calepin pour y reporter au crayon le plan au sol, afin de l'examiner en détail. Malgré une parfaite maîtrise des logiciels de modélisation les plus performants, sa concentration au travail n'était jamais aussi grande que lorsqu'il s'éloignait de l'écran : il avait besoin de coucher sur le papier ses notes, ses encadrés fléchés ; il avait besoin de toucher du doigt la scène de crime.

L'information nouvelle que venait de lui apporter Garba éliminait pour ainsi dire la possibilité que la jarre en terre cuite ait été brisée par la maîtresse du ministre et son chauffeur au moment où ils avaient pénétré dans la case. C'était là un nouvel élément à inclure dans ses hypothèses.

Kayo feuilletait distraitement son calepin, s'arrêtant de temps à autre pour relire les passages marqués d'astérisques. À en croire le principal témoignage, celui de la maîtresse du ministre, c'est une odeur nauséabonde qui l'avait conduite jusqu'à ces restes humains, après qu'elle s'était arrêtée aux abords du village, attirée par un oiseau à tête bleue ; après cela, le récit perdait toute cohérence, mais il était un point sur lequel la jeune femme insistait : ce qu'elle avait vu était exactement ce que la police avait vu. Kayo avait pourtant le vague souvenir d'un passage du procès-verbal dans lequel elle déclarait avoir vu la chose bouger. À la première lecture, il n'avait pas relevé ce détail, mais à présent il voulait en avoir le cœur net. Il avait rencontré trop de phénomènes inexpliqués dans cette affaire pour se permettre d'en écarter le moindre ; en les reliant, peut-être finiraient-ils par s'éclairer les uns les autres. Il marqua sa page de la plume bleue trouvée chez Kofi Atta, attrapa le dossier que l'inspecteur principal Donkor lui avait remis, en extirpa le procès-verbal et le parcourut du regard.

C'était là :

Il y avait quoi, dans cette case ?

Je ne sais pas. Le mal.

Est-ce que ça ressemblait à quelque chose que vous aviez déjà vu ?

Non, c'était le mal.

Pouvez-vous le décrire ?

C'était le mal, c'était rouge, et ça bougeait.

Madame, vous êtes bien sûre que ça bougeait ? Vous avez dit précédemment qu'il faisait sombre dans la case.

Je vous jure que ça bougeait. C'était le mal.

Kayo ne cessait de relire le passage. Comment admettre qu'un quelconque mouvement ait pu animer les restes humains découverts dans la case ? S'il se fiait aux déclarations du chasseur à propos des larves nécrophages, l'hypothèse devenait pourtant envisageable. La présence de ce type de larves semblait indiquer que la chose qu'ils avaient retrouvée là n'était morte que le jour même de sa découverte par la maîtresse du ministre, ou, au pire, le jour précédent.

Kayo récapitula point par point : *organisme vivant, tissus humains identifiés par le laboratoire, odeur nauséabonde, teinte rouge, mes observations et les rapports de police indiquent que les villageois semblent immunisés contre la puanteur...* Il s'interrompit, retourna au quatrième point, *teinte rouge,* et fronça les sourcils. Les mouches. Le rapport de police du sergent Ofosu faisait état d'un organisme de couleur noire, vraisemblablement animé de mouvements. C'est en se rapprochant de la natte que les enquêteurs avaient provoqué la dispersion des mouches et mis en évidence la teinte rouge de l'organisme. Puisque la maîtresse du ministre, qui s'était empressée de fuir cette vision du *mal,* déclarait dans son interrogatoire que la chose était rouge, c'était donc que ladite chose n'avait probablement pas encore été assaillie par les mouches au moment de sa découverte. Kayo tapotait son stylo sur le calepin, hochant la tête en rythme.

Il avait donc une jarre brisée – possiblement mais pas nécessairement au cours de la nuit précédant la découverte des restes humains ; au sol quelques traces d'urine isolées qui adoptaient par endroits une vague forme trapézoïdale ; des larves nécrophages qui permettaient de dater le début du processus de putréfaction entre trois et quatre jours avant l'arrivée de Kayo à Sonokrom ; un témoin qui avait vu un jeune inconnu entrer dans la case de Kofi Atta, à peu près deux semaines avant la découverte des restes – cet élément restait à vérifier ; plusieurs témoins qui affirmaient avoir vu Kofi Atta – lequel demeurait introuvable – dans le village, environ un mois avant la découverte des restes. Le disparu était généralement décrit comme un veuf dont la fille unique avait fini par le quitter et qui n'avait pas vraiment d'amis – donc un solitaire. Le profil type d'un inadapté social – ce que Kofi Atta était vraisemblablement – selon les critères de classification de la police criminelle des West Midlands. Seulement, où était-il ?

Kayo avait bien conscience qu'avec tout ça, il n'avait rien. Bien sûr, il y avait aussi tout ce qu'il osait à peine envisager, comme le spectacle dont ils avaient été témoins juste après le rituel d'incinération. Cette envolée d'oiseaux ! Tout de même, il était persuadé que certains villageois, et non des moindres, lui cachaient des choses. Tout paraissait bien trop serein, dans ce clan qui déplorait pourtant la disparition d'un homme et qui par ailleurs ne comptait que douze familles. Kayo le savait, pour que survienne une avancée significative dans cette enquête, il fallait la provoquer ce jour-même – lorsque Garba rentrerait de Koforidua avec les résultats des analyses ADN. Aucune logique particulière n'avait présidé au prélèvement de ces échantillons ; ce n'était même pas une question d'intuition, il s'était contenté de saisir les occasions à mesure qu'elles se présentaient à lui : une trace de sueur d'Opanyin Poku lorsque ce dernier lui avait passé le bras autour des épaules ; la salive d'Akosua Darko quand il lui avait demandé de goûter son vin de palme ; la moiteur des mains d'Oduro au moment où il lui avait serré la poigne ; et un échantillon des restes retrouvés chez Kofi Atta. Cela pouvait sembler léger, mais parmi les habitants d'une si petite communauté, il devait bien s'en trouver un qui fût apparenté à ces restes humains. C'était son unique chance de bousculer l'équilibre des choses – susciter chez ces villageois un émoi tel que l'un d'eux en viendrait à parler.

En attendant le retour de Garba, Kayo avait travaillé sans relâche, avec une ardeur confinant au désespoir, examinant et réexaminant les informations qu'ils avaient recueillies jusque-là. Il ne s'était accordé qu'une seule interruption, lorsqu'était venue le consulter la fille du fameux chauffeur de camion – qui, en fait de maladie, était enceinte. Comme il n'était pas vraiment équipé pour ausculter la jeune fille, il lui avait simplement posé quelques questions. Elle admit volontiers qu'elle urinait plus souvent que d'ordinaire mais rit de bon cœur lorsque Kayo lui demanda si ses seins étaient plus mous que d'habitude.

« Est-ce que vous essayez de me séduire ? » lui demanda-t-elle d'un air entendu.

Kayo sourit. « Non, j'essaie juste de savoir si quelqu'un d'autre l'a fait récemment. »

Elle baissa les yeux au sol, puis les releva lentement. « Pourquoi ?

— Peut-être, sɛbi, que cette personne est la raison pour laquelle vous êtes souffrante.

— Ah, vous pensez ? » Ses yeux s'écarquillèrent quand elle comprit à quoi il faisait allusion, puis elle sourit. « Oh ! » Alors elle tourna les talons et se dirigea vers la sortie, lui jetant un dernier regard en guise de salut. « Je vous remercie », dit-elle dans un petit rire, avant de disparaître.

Quelques heures plus tard, le calepin de Kayo comptait toujours bien plus de questions que de réponses.

Au cœur de ces interrogations, il y avait le motif dessiné au sol par les éclaboussures d'urine. Il se rendait bien compte qu'avec cette terre battue, le risque d'erreur était élevé en raison du phénomène de propagation. Les taches les plus petites présentaient bien un dessin qui filait en pointe ; le problème était que ce dessin s'effilait dans la mauvaise direction par rapport à la source supposément mouvante du déversement d'urine – la partie la plus large du motif trapézoïdal dessiné par chaque éclaboussure au sol aurait dû s'orienter vers les taches les plus grandes, or c'était le contraire.

« Ayekoo. »

Kayo leva la tête de son calepin, passablement agacé par lui-même. Dehors, le coucher de soleil avait pris une teinte violacée. Garba se tenait sur le seuil de la case avec Oduro, et il souriait.

« Nous avons dit *ayekoo* », répéta Garba en s'approchant pour remettre une enveloppe à Kayo.

Celui-ci n'avait pas le sentiment d'avoir avancé tant que cela dans son travail, mais il répondit tout de même à Garba par le « yaa ye » de rigueur. C'était un rituel de salutation usuel ; Kayo n'était même pas certain que fût possible une réponse laissant entendre qu'on n'avait pas travaillé si dur. Quand quelqu'un vous disait « ayekoo », c'était qu'il estimait que vous aviez travaillé dur. Point final.

« Il est temps d'aller manger, lança Oduro depuis l'entrée de la case. Votre ami Garba ici dit que vous avez mangé seulement trois mangues aujourd'hui. »

Kayo rangea l'enveloppe dans sa poche arrière. Il attrapa un T-shirt bleu au fond de son paquetage, l'enfila et rejoignit les deux hommes dehors. « Mon ami Garba ici dit aussi que c'est vous qui racontez à tout le monde que je suis un docteur. »

Oduro, qui prenait la direction de la buvette d'Akosua Darko, éclata de rire. « Mais c'est vrai ! Tu m'as aidé beaucoup paaa.

— Ehh ? La fille que vous m'avez envoyée cet après-midi est seulement enceinte, hein. » Kayo ressortit de sa poche l'enveloppe pour en examiner le contenu. Tout à coup il s'arrêta, sourcils froncés.

« Qu'est-ce qu'il y a ? » demanda Oduro.

— Rien, répondit Kayo, tout sourire. Je ne lui ai pas dit explicitement qu'elle était enceinte, alors peut-être que vous pourriez en parler à sa mère. »

Oduro pressa le pas. « Je le ferai. Dépêchons-nous d'arriver chez Akosua ; Opanyin Poku nous attend. »

À la buvette d'Akosua Darko, il y avait foule. Les gens se pressaient autour des tables, debout pour la plupart, buvant du vin de palme. Tout ce monde rassemblé, c'était bien plus que la population entière de Sonokrom.

Kayo posa la main dans le dos d'Oduro, juste au-dessous du collier de griffes de léopard, et le féticheur se retourna. « D'où sortent tous ces gens ? »

Oduro rit, puis expliqua. « Chez Akosua, c'est très connu, parce qu'elle fait le meilleur fufu de toute la région Orientale. Tous les vendredis, on a des gens qui viennent des seize villages de la chefferie et aussi des entrepreneurs de passage – même des gens de Koforidua. Le vin de palme de Kwaku Wusu est très apprécié aussi… »

Emboîtant le pas à Garba et Oduro, Kayo se frayait un passage dans cette masse humaine quand il aperçut Opanyin Poku, attablé avec sa femme non loin de là où ils avaient passé la soirée la veille. Comme il se précipitait pour prendre un siège, Kayo bouscula une jeune femme qui manqua renverser la calebasse de vin de palme qu'elle tenait entre les mains. La jeune femme se retourna, et Kayo à son tour manqua trébucher en reconnaissant Esi. Elle portait autour de la poitrine un pagne aux imprimés wax teintés de bleu et blanc, sur la peau un léger voile de talc qui laissait deviner deux tatouages circulaires. Esi eut un sourire et posa la main sur l'épaule de Kayo pour reprendre son équilibre. « Ah ! C'est vous, Kwadwo ? Comment ça va ?

— Très bien. » Pour ne pas se laisser ensorceler par les yeux pétillants de la jeune femme, Kayo ne quittait pas son front du regard. « Vous connaissez mon prénom ?

— Je l'ai entendu hier soir. » Sur ce, elle inclina la tête et partit vers le fond de la case.

Kayo rejoignit la tablée, salua le chasseur et son épouse et s'assit entre Oduro et Garba.

« Ils vont apporter votre vin de palme, dit Opanyin Poku.

— Bien, dit Garba. On peut commander ? J'ai faim.

— Vous voulez manger fufu ? ou bien la sauce palabre ? leur demanda Mama Aku.

— Je prendrai la sauce palabre, répondit Kayo. Avec apem, s'ils ont ça.

— Et pour moi, fufu encore ! » dit Garba en se frottant le ventre.

Par une série de petits signes de la main, Opanyin attira l'attention d'un jeune homme qui se tenait dans l'encadrement de la porte du fond, puis il se retourna vers la tablée. « Donc, vous êtes bien préparés pour la suite de mon histoire ? »

Garba secoua la tête. « On va boire d'abord, non ? L'histoire est meilleure avec la boisson. » Et, s'adressant à Oduro : « Vous avez apporté votre chose là ? »

Odura défit le nœud de son pagne et en sortit une fiole. « Ça là, ce n'est pas la même chose qu'hier. J'ai préparé ceci avec les racines de bonsamdua. »

Kayo regardait l'agent de police discuter avec le féticheur des avantages et des inconvénients à se servir de telle ou telle plante dans la concoction des potions tonifiantes, et il songea que Garba, par bien des aspects, ressemblait à Nii Nortey : la même passion enfantine pour toutes les choses de la bouche, une aisance familière avec les inconnus, comme avec l'inconnu. Kayo, pour sa part, avait avec l'âge et son parcours scientifique gagné en scepticisme mais perdu l'enthousiasme de son enfance. Tandis qu'il parcourait les lieux du regard, il se demanda si, pour appréhender pleinement l'humain, il fallait en permanence s'ouvrir à la nouveauté, à l'étrange. Après tout, à bien des égards la vérité était une entité mouvante, qui se modifiait en fonction de ce que chacun voulait bien dévoiler de soi. Les Ghanéens avaient la réputation d'être parmi les personnes les plus sympathiques du monde – peut-être précisément en raison de cette ouverture –, mais Kayo savait qu'ils étaient tout aussi prompts à juger ou à tenir les autres à distance ; leur fameuse ouverture n'était pas sans réserve, ce n'était qu'un mythe. Voilà pourquoi, en dépit de l'attitude très accueillante des habitants de Sonokrom, Kayo devait rester prudent. Certes il appréciait le chasseur, et Oduro, et ce lieu de pénombre et de délices pour les buveurs, mais il ne pouvait baisser sa garde. Il posa la paume bien à plat sur le bois de la table et regarda tout autour de lui.

La salle bruissait de chairs vives. Une sueur de travailleur, particulièrement prégnante, venait titiller les narines, et sur les peaux la moiteur ambiante perlait. Il y avait aussi une odeur verte de forêt, mêlée à de vagues senteurs de talc et de parfums de fabrication locale, comme sans doute celui que Garba avait évoqué dans la voiture – bediwunua. À ce souvenir, Kayo réprima un petit rire. De toute sa vie, il n'avait jamais vu autant de chairs dénudées à la fois – pas même sur la plage lorsque les pêcheurs ramenaient leurs filets à terre. Il devait y avoir là une petite centaine de personnes. Kayo devinait aisément qui étaient les entrepreneurs de passage et les visiteurs venus de Koforidua, car ils portaient comme lui une chemise. Le reste de la clientèle offrait un kaléidoscope d'étoffes bariolées, des wax et des batiks noués à la taille ou à la poitrine. Certains hommes avaient leur pagne drapé sur le torse, croisé sur le devant et attaché derrière le cou pour en faire un vêtement d'un seul tenant, laissant le dos nu. Mais sitôt qu'ils avaient pris place à une table, ils défaisaient le nœud, roulaient le pagne jusqu'à la taille et, ainsi délivrés, s'attaquaient à leur plat en toute efficacité.

L'attention de Kayo se porta de nouveau sur ses compagnons de tablée. Le chasseur chuchotait à l'oreille de sa femme. Kayo se mit à l'observer avec en tête les analyses ADN que Joseph avait faites à sa demande et qui se trouvaient à cet instant dans sa poche. Kayo peinait à croire en la validité des résultats, mais il savait que Joseph les avait forcément vérifiés et revérifiés. Tout le temps qu'il avait passé à travailler avec lui, Kayo ne l'avait jamais vu commettre la moindre erreur. Bien entendu, M. Acquah, dans son bureau moquetté, n'avait probablement aucune idée de l'atout que représentait pour son entreprise un employé tel que Joseph. Maintenant que Kayo était parti, si ce n'était la présence de Joseph, le laboratoire sombrerait dans le chaos.

Esi parut, portant trois calebasses qu'elle posa devant Garba, Oduro et Kayo, pour les remplir de vin de palme, un léger sourire aux lèvres.

Alors qu'elle se dirigeait vers les cuisines, Mama Aku lança : « Kwadwo, je crois que notre Esi t'aime beaucoup. »

Kayo secoua la tête. « Elle est intimidée, c'est tout. » Il trempa les lèvres dans son vin de palme. « Qu'est-ce qu'elle a sur l'épaule ? Ces marques ?

— Ah. » Le chasseur se pencha en avant. « C'est un fruit. Ça pousse dans un buisson qu'on appelle mmofra forowa. On coupe le fruit en deux pour avoir le dessin de la chair dedans, et puis on le trempe dans la couleur et on met ça sur la peau.

— C'est très beau. » Kayo fit signe à Oduro de verser dans son vin de palme quelques gouttes de son élixir.

« Bien sûr, c'est très beau, dit Opanyin en désignant Kayo du doigt. Mais c'est plus beau encore sur une belle peau ! » Et le rire du chasseur gagna en même temps Oduro, Garba et Mama Aku.

Le féticheur, ensuite, leva la main : « Oui, le ciel est beau, mais si la plante qui rampe veut voir le ciel, alors elle aura besoin d'un arbre pour grimper. »

Cette fois, Kayo se joignit aux rires. Il avait toujours pensé que les proverbes de ses parents n'étaient que des paroles faciles pour l'embobiner, mais à présent leur éloquence vive l'impressionnait.

Le chasseur, à son tour, leva la main : « Je vais continuer mon histoire. » Puis, il se tourna vers sa femme. « Mama Aku, tu connais l'histoire en question, donc je vais raconter la suite seulement. » Et il commença : « Donc, Yaa Somu a maudit Kwaku Ananse parce qu'il frappait trop son enfant, mais le jour de la fête d'*Indépendance,* la mort a pris Yaa Somu et tout a changé dans la vie de la petite. »

Quand Yaa Somu est partie, nous avons organisé de grandes funérailles à Kakrom. Et ce que je dis quand je dis funérailles là, c'est grand grand paaa. Les personnes sont venues de tous les seize villages de la chefferie, et même au-delà, parce que, sɛbi, Yaa Somu était quelqu'un que les gens respectaient. Dans son jeune temps, quand elle partait pour aller vendre ses tomates, elle gardait toujours un peu de marchandise à part pour donner aux personnes qui sont dans le besoin. Les filles de Yaa Somu ont pris sa suite dans le commerce, mais rapidement elles ont fait mariage et elles sont parties à Accra pour commercer au grand marché central là-bas. Ah, nous avons pleuré. Tout le village a pleuré, même Kwaku Ananse aussi, parce que, sɛbi, c'est vrai qu'il était un imbécile, mais il savait très bien tout ce que Yaa Somu avait fait pour lui.

L'enfant Mensisi, elle aussi, ce malheur l'a écrasée. Elle a refusé de manger pendant plusieurs jours après la mort de Yaa Somu, et elle a refusé de parler ; elle regardait devant elle-même seulement, elle regardait depuis le matin jusqu'au soir. Je pense que le silence de Mensisi a fait que son père a vraiment senti que ce qu'il faisait n'était pas bon, parce que plusieurs lunes sont passées comme ça et il avait cessé de la frapper – mais peut-être aussi qu'il avait commencé à craindre la malédiction. Il s'occupait de l'enfant comme il faisait avant, mais Yaa Somu était partie, donc le soir il quittait son champ rapidement pour retourner à la maison et préparer à manger pour elle. Moi-même, parfois, je surveillais l'enfant pendant le jour parce que j'étais vite revenu de la forêt, ou bien Ananse laissait la petite chez une autre famille du village. Je dois vous dire que nous avons essayé fatigué de dire à Kwaku de prendre une autre épouse, parce qu'il était vraiment jeune encore, il n'avait même pas atteint vingt-huit années. Ce que je dis ici, c'est que tous nous avons pensé que si l'homme là trouvait une autre femme, l'enfant allait trouver la paix. Mais il a dit qu'un seul enfant lui suffisait.

Donc, après que Yaa Somu est partie comme ça, nous pouvons dire que les choses ont changé, mais beaucoup de choses sont restées les mêmes. Ce que je dis vraiment, dès que la petite a commencé à fréquenter l'école de l'homme de *Kenya* pour apprendre la lecture et l'écriture, Kwaku Ananse a commencé à la frapper encore. Dans ce commencement là, nous-mêmes nous ne savions pas ; quand elle retournait à la maison après avoir étudié, il tirait ses oreilles et il pinçait sa peau. Il disait, Donc tu penses que vas devenir plus sage que ton propre père ? Est-ce qu'ils t'ont enseigné comment ne pas sentir la douleur là-bas ?

Après ça, il tirait les oreilles encore, et il traînait l'enfant jusqu'à son tabouret pour qu'elle mange. Tu peux aller remplir ta tête de leurs bêtises tout le jour, mais souviens-toi que c'est moi qui remplis ton estomac le soir.

Et après ça (c'est ça la folie de l'homme) il allait s'asseoir à côté de la petite pour réciter *ABC* et raconter les histoires de sa mère, comme si tout ce qu'il venait de faire là, ce n'était rien d'anormal.

C'est pourquoi nous ne savions pas, parce que l'enfant elle-même ne savait pas ce qu'elle devait penser, donc elle ne disait rien. Et elle n'a jamais dit, jamais jamais. Mais la petite Mensisi avait un bon cerveau, elle apprenait vite, et notre ami de *Kenya* aimait lui enseigner, donc il a commencé à lui dire de venir dans sa maison avec les autres enfants (souvenez-vous, le village était vraiment petit, et en ce temps il y avait seulement six enfants qui étudiaient la lecture et l'écriture), pour que sa femme leur donne à manger avant de les envoyer chacun dans sa maison. Notre ami de *Kenya* cultivait son propre champ, donc il y avait toujours beaucoup de nourriture dans sa maison, et son épouse là, une femme du village, elle savait cuisiner correctement paaa. Donc, à cause de la nourriture qu'on leur donnait là-bas, Mensisi arrivait chez son père bien rassasiée, et c'était difficile pour elle de manger encore à la maison.

Un jour, elle est arrivée et elle ne pouvait rien manger, donc elle était forcée de dire à Kwaku Ananse qu'elle avait déjà pris son repas. Hmm. C'est là, sɛbi, que les vrais embêtements sont arrivés. Il a frappé son enfant jusqu'ààà, elle ne pouvait plus pleurer ; et elle criait petit petit comme le chien fait. Il a laissé l'enfant par terre pour aller manger le repas qu'il avait préparé pour elle, et il est parti à la rivière pour se laver.

Dans la lumière du matin le jour qui vient après, tous nous avons vu la figure de Mensisi gonflée partout, donc nous les hommes nous sommes allés nous asseoir ensemble et nous avons décidé que le féticheur Oduro devait parler à Kwaku Ananse.

Eï ! Si je vous raconte comment Kwaku Ananse a dit à Oduro de quitter chez lui, vous allez comprendre pourquoi nos Sages disent toujours que lorsqu'un homme a mis le pied sur le chemin du mal, c'est fini, tous les bons conseils qu'on va lui donner seront des plaisanteries pour lui. Ananse a dit à Oduro de le laisser tranquille ! Oduro. Le même Oduro à qui il a demandé d'aller implorer l'aide des ancêtres pour lui apporter le succès dans son travail au champ – l'homme a oublié.

Mais quand même, le jour là, Oduro a parlé à Kwaku Ananse pour dire que la malédiction de Yaa Somu n'était pas une malédiction dans l'air, donc il n'avait qu'à corriger ses manières vite, parce que personne ne serait là pour lui s'il refusait de calmer les ancêtres. C'était un bon conseil, mais la folie de Kwaku Ananse était têtue.

Et c'est comme ça que l'enfant Mensisi a grandi. Son père la frappait, et après ça il était gentil avec elle, et quand quelqu'un demandait d'où venaient les traces des coups, elle mentait, parce qu'elle ne voulait pas d'embêtements pour lui. Parfois nous entendions quand il la frappait, ou quand il criait sur elle, comme quoi c'est elle-même qui a tué sa propre mère, parce qu'elle-même est anyɛn, comme sa grand-maman Yaa Somu était anyɛn. Qu'est-ce que nous pouvions faire ? Ce que je dis, sɛbi, c'est qu'elle était sa fille, et les voies des ancêtres sont ce qu'elles doivent être. Mais parfois nous avons invoqué leurs esprits pour demander des choses inutiles, simplement pour qu'ils interviennent et qu'il cesse de frapper l'enfant.

Lorsque Mensisi a atteint douze années, notre ami de *Kenya* est parti voir Kwaku Ananse pour lui dire que son enfant avait l'esprit vif, elle savait beaucoup de choses, il serait bon pour elle d'aller faire les *examens* pour fréquenter à l'école *secondaire*. Kwaku Ananse n'a même pas accepté de prendre le temps nécessaire pour réfléchir à l'affaire. Il a commencé à secouer sa tête seulement, il n'a même pas attendu que l'homme finisse de parler.

Ma fille ne va nulle part. J'ai du travail pour elle ici déjà.

Ah, pardon, Kwaku, il faut réfléchir un peu…

J'ai dit non. Tu es bête ou bien ? Est-ce que tu m'as même écouté ?

C'est vrai que Kwaku Ananse était devenu très déplaisant les dernières années. Il n'avait plus d'amis dans le village. Et il refusait aux tanties de Mensisi de venir prendre la petite pour aller voir ses cousins à Accra. Quand les gens du village gardaient l'enfant avec eux, c'était seulement pour honorer la mémoire des défuntes, Yaa Somu et la mère de Mensisi, ou bien c'est parce qu'ils aimaient beaucoup la petite, qui était devenue plus gracieuse et plus belle encore que sa mère. Peut-être, sɛbi, parce qu'il n'avait plus d'amis, Kwaku Ananse a voulu garder auprès de lui la seule personne qu'il aimait ?

Moi-même je ne sais pas. Jusqu'au jour d'aujourd'hui, je ne sais pas. En tout cas, c'est ainsi que l'éducation de Mensisi s'est finie comme ça. Mais l'enfant là était têtue. (Hier j'ai dit qu'elle savait ce qu'elle voulait depuis qu'elle était petite fille, non ?) Donc, elle a décidé que si elle ne pouvait pas faire l'école, alors elle allait faire commerce comme sa grand-maman. Et par la grâce généreuse du grand Onyame, la terre de Yaa Somu, le champ où la vieille plantait ses tomates là, personne n'avait pris ça (je pense que le chef du village, dans sa sagesse, avait veillé sur la chose), donc Mensisi a demandé à mes fils de l'aider pour nettoyer la parcelle, et elle a planté les tomates dessus. Kwaku Ananse n'était pas trop content mais, sɛbi, à part frapper sa fille il ne pouvait rien lui faire de plus, et Mensisi ne craignait plus le poids de son bras.

Et voilà, voilà comment Mensisi a débuté dans le commerce de la tomate comme sa grand-maman avant elle. Ah, non (j'ai fait erreur), ce que je dis ici, c'est que Mensisi a commencé par cultiver les tomates pour les vendre à d'autres commerçantes. Et elle a continué comme ça pendant quatre années avant de vendre ses paniers de tomates elle-même. Elle partait s'asseoir au bord de la route avec les autres, ici manioc, ici oignons, ici plantains, et quand les *businessmans* passaient pour rentrer à la maison après leurs voyages d'affaires, ils stoppaient et achetaient. Mensisi vendait toujours un peu aux autres commerçantes, mais elle gagnait mieux son argent au bord de la route.

Ceux qui suivent seulement ce qu'ils ont vu de leurs yeux diront que c'est l'enfant elle-même qui a choisi d'aller au bord de la route, mais les autres sauront que c'est la route qui est venue jusqu'à elle – est-ce que ce n'est pas la même route qui lui a pris sa grand-maman ? An-han ! Yaa Somu a rencontré sa mort sur la route en question, le jour même où notre pays a fêté sa liberté. Et c'est comme ça, c'est comme ça que nous avons pensé que la route là a libéré notre Mensisi le jour où nouveau *gouvernement* a envoyé ses *géomètres* pour venir chercher l'endroit exact où on devait construire ça.

Vous voyez, les gens qui sont venus là, ils étaient tous des jeunes hommes. Tous, ils ont étudié dans les écoles de l'autre côté de l'océan (comme notre Kwadwo ici), et ils ont appris là-bas comment utiliser leurs instruments pour observer la terre avec d'autres yeux. Dans notre temps d'avant, ce que nous faisions, c'est seulement marcher jusqu'à trouver l'endroit où nous allions faire ce que nous devions, mais ces jeunes là, ils venaient avec des *appareils* qu'ils plaçaient debout sur des bâtons, et ils regardaient dedans – et c'est vrai qu'ils faisaient beaucoup de chemin aussi, mais vraiment ils n'ont jamais marché tout ce que nous avons marché sur cette terre. Ils étaient nombreux, mais parmi eux il y avait un garçon là, hmm… disons que son travail le conduisait toujours vers là où Mensisi était en train de vendre ses tomates. Et il cessait son travail, et il parlait avec Mensisi, et parfois il expliquait à la petite ce qu'il faisait. Comme j'ai déjà dit avant, Mensisi n'était vraiment pas bête ; quand il montrait son travail là, elle le questionnait, et jusqu'à parfois même il changeait ses plans. Pour dire le vrai, le garçon restait avec Mensisi tellement tout le temps que les autres commerçantes ont commencé à dire qu'il était son mari déjà. Chaque fois avant de retourner à Accra, il allait voir les vendeuses un, un, un pour leur acheter des paniers de marchandises, et il mettait tout ça au derrière d'un de leurs *camions* qu'ils utilisaient. Donc, il ne s'est pas passé beaucoup de temps avant que l'histoire de ce garçon, de ce jeune homme (on l'appelait James), entre dans l'oreille de Kwaku Ananse, et je crois qu'il n'est pas nécessaire que je vous raconte maintenant ce qui est arrivé alors.

C'était la plus terrible correction que nous avions vue dans notre vie, et c'était au milieu du village même. Mensisi était assez grande pour se défendre si elle voulait mais, bizarrement, elle est restée là sans rien faire, et elle a laissé son père la frapper. Je n'avais jamais vu quelque chose comme ça ; c'était comme si elle était en train de laisser une autre personne, une autre chose, lutter pour elle pendant qu'elle-même ne faisait rien. Et nous pouvions voir ça dans ses yeux. Pas de peur, pas de douleur. Elle le regardait seulement, et il frappait seulement. Même quand les gens sont venus nous chercher, nous les hommes, pour aller stopper Kwaku Ananse, même après ça elle n'a pas quitté l'endroit où elle était quand il a commencé à frapper. C'était tout près d'un palmier, et elle est restée debout, calme calme jusqu'au moment où la pluie a commencé à tomber.

La pluie est venue doucement d'abord. Mensisi est restée sous l'eau du ciel jusqu'ààà, son habit s'est mouillé totalement, et elle est partie. Même pas un instant après ça, le feu du ciel est tombé sur le palmier pour le jeter par terre. Et la pluie n'a pas cessé jusqu'au matin. Ce que je dis, c'est que le jour là, beaucoup parmi nous ont laissé leur travail pour rester à la maison et jouer oware avec leurs proches. Même Tintin a sorti le jeu de *Ludo* qu'il avait rapporté de ses voyages. Vous tous là, en train de me regarder quand je raconte ces choses, souvenez-vous, c'était 1971, et 1971 était une année de sécheresse dans le pays ici. Dans les rivières les eaux étaient basses, et les récoltes étaient mauvaises. C'est pourquoi le jeune homme James avait l'habitude d'acheter beaucoup de marchandises aux commerçantes pour emporter à Accra. Donc, nous tous nous étions dans nos cases lorsque nous avons entendu Kwaku Ananse crier le nom de sa fille.

Mensisi... Mensisi... Mensisi, où es-tu ? Mensisi...

Nous sommes sortis au dehors pour regarder ce qui était en train de se passer, et nous avons vu Kwaku Ananse, assis sur le palmier que le feu du ciel avait jeté par terre comme j'ai dit déjà, en train de pleurer. Et quand je dis pleurer – paaa ! comme la femelle du mouton pleure en donnant le jour à son enfant. Après ça, il a crié le nom de Mensisi encore.

Et nous étions là en train de le regarder quand Mensisi est sortie de la case de sa grand-maman pour demander à son père, C'est quoi ? Tu cherches quoi ?

Kwaku Ananse a regardé Mensisi debout à la devanture de la case de Yaa Somu, mais il ne pouvait plus parler. Je pense que ce qu'il a vu à la porte de la case là, c'est l'incarnation même de la malédiction de Yaa Somu. Nous tous aussi, c'est ça que nous avons vu. Ce que je dis maintenant, c'est que nous pouvions voir les traces des coups sur Mensisi, et comment elle marchait avec difficulté, mais nous pouvions voir aussi que ça y est, Kwaku Ananse avait fini de blesser la petite. Et ceux parmi nous qui ont des yeux pour voir, nous avons vu l'arbre. Le palmier où Kwaku était assis. Est-ce que vous pouvez me croire quand je dis que la chose là, l'arbre là, était tombé par terre entièrement ? À cause du feu du ciel ? Mes frères, cette terre est pleine de choses étonnantes. Ça là, ce n'était pas n'importe quel arbre tombé, hein. C'était un signe. Donc, personne n'a bougé l'arbre de l'endroit. Les feuilles sont mortes dessus, la terre a tout consumé, mais le bois même, le bois est toujours là.

Quand le soleil est sorti dans le ciel, le jeune homme James est venu dans le village pour chercher Mensisi. Je pense que, partout où il voyageait, quand il arrivait là-bas il comprenait qu'il avait laissé quelque chose en arrière. Donc il est revenu. Et il est revenu correctement préparé, avec un parent âgé, une bouteille de *schnaps*, et tous les pagnes. La chose qu'il était venu faire, c'est demander Mensisi pour le mariage, mais quand il est arrivé et il a vu Mensisi comme ça, il a décidé qu'il devait aller dans l'*hôpital* directement. James restait à Kumasi en ce temps, donc c'est dans l'*hôpital* de Kumasi qu'il a conduit Mensisi. Il a laissé le *schnaps* et tous les pagnes avec moi (Kwaku Ananse était parti cultiver son champ de *cacao*), et il a dit qu'il serait de retour vite vite pour accomplir les rituels de sa demande. Hmm. Nous avons attendu plusieurs lunes avant de voir le garçon encore.

C'était menada, et j'étais assis avec mon épouse sur le bois du palmier tombé par terre pendant la tempête. Nous étions en train de parler de notre chef, parce qu'il avait acheté une de ces nouvelles *radios* akasanoma, et c'était la seule *radio* qu'on pouvait trouver dans tous les seize villages de notre chefferie. Mama Aku avait entendu ça le jour qui vient avant, quand elle était partie donner à notre chef sa part du gibier que j'avais chassé (habituellement je lui garde les deux jambes de derrière parce que c'est ça qu'il aime), et elle était en train de me raconter toutes les choses étonnantes que la *radio* peut faire. Ce que je dis, c'est que tous nous pensions que l'adakabɛn de Tintin était une chose étonnante, mais la *radio* akasanoma là, a-ah, c'est vraiment une boîte petit petit comme ça, et ça peut jouer la musique depuis Accra, Tamale, Takoradi, Kumasi, et on peut même entendre des hommes et des femmes parler dedans. Quand mon épouse a dit ça, après je suis parti chez le chef pour voir la chose de mes propres yeux, et donc j'ai décidé, un jour je vais acheter ma propre *radio* akasanoma pour écouter ça avec mon épouse.

Nous étions assis sur le bois du palmier quand une

voiture est venue. C'était une de ces voitures *ancien modèle,* une voiture *Peugeot* je pense. Et qui est sorti de la voiture ? Le garçon James avec Mensisi ! Eï ! ça là c'était vraiment une grande nouvelle, parce que Mensisi était partie ça faisait longtemps déjà, et à cause de ça Kwaku Ananse n'était pas content. Il a même demandé audience au chef pour lui présenter ses doléances. Mais le chef a parlé pour dire que même si c'est vrai que la coutume enseigne qu'il faut accomplir tous les rituels avant le mariage, premièrement l'enfant Mensisi là, sɛbi, ce n'était plus une enfant mais une adulte, et deuxièmement qui savait même où elle était pour aller la forcer de rentrer au village ?

Nous avons vu que Mensisi était en forme mais, sɛbi, son contour aussi avait pris formes. Dès qu'elle a vu la petite sortir de la voiture, mon épouse a dit, Celle-ci, cinq lunes ne vont pas passer avant le jour où elle va enfanter. Hmm. Il semble que lorsque Mensisi était arrivée dans l'*hôpital* avant, le *docteur* a dit que quelqu'un la frappait. Quand le *docteur* a demandé qui, Mensisi a secoué sa tête seulement, et vous-mêmes vous savez que dans ce pays nous n'aimons pas les histoires, donc ils ont laissé la petite en paix avec ses propres affaires. Le problème, c'est que Mensisi a refusé de retourner au village après. Elle avait pris un livre de James pour lire, et avant de retourner au village elle voulait savoir ce qui se passait dans l'histoire.

L'autre problème, c'est quand elle est restée dans la maison de James à Kumasi, et ils ne pouvaient pas se maîtriser. C'est comme ça qu'ils ont commencé à vivre comme mari et femme. (Vous-mêmes vous savez, sɛbi, que la chose là c'est doux, non ? Alors vous comprenez.) Dans la maison de James, il y avait beaucoup de livres aussi, donc Mensisi ne cessait pas de lire.

Laissez-moi vous dire ici que Kwaku Ananse avait une bonne raison d'être fâché. Mensisi était partie depuis deux années entières et elle n'avait même pas envoyé quelqu'un au village pour faire la commission à son père comme quoi, sɛbi, ça va je ne suis pas morte. Donc, nous tous ici nous pouvions comprendre si Kwaku Ananse était fâché. Mais ce qui nous a surpris, c'est comment Kwaku Ananse s'est comporté.

Pendant que nous étions en train de faire les salutations, il est sorti de sa case parce qu'il avait entendu la voiture (tous ceux qui étaient dans leurs cases sont sortis), et comme ça il a vu Mensisi et James. Kwaku Ananse était souffrant depuis trois lunes au minimum. Il toussait beaucoup, et personne ne le voyait dans le village, mais dès qu'il a vu son enfant, direct il a retrouvé force.

Il a couru vers eux et il criait, Mensisi, Mensisi, c'est toi ? Mensisi mon enfant, c'est vraiment toi ?

C'est moi, Paapa, c'est moi.

Et comme ça, Kwaku Ananse a donné l'accolade à sa fille et il a salué James. Après ça, il a fait un pas en arrière pour regarder comment le contour de Mensisi avait pris formes et il a dit, Tu es venu avec une descendance pour moi ?

Elle a dit, Oui, Paapa.

C'est une union que tous les villageois ont vue de leurs propres yeux. Kwaku Ananse et James ont parlé ensemble, et ensemble ils ont décidé que Mensisi devait rester avec son père le temps de nawɔtwe, jusqu'au jour du retour de James avec sa famille pour accomplir les rituels de mariage. Après ça, Mensisi devait encore rester au village le temps de nawɔtwe, avant le retour de James pour emmener son épouse avec lui. C'est comme ça que Mensisi est venue rester parmi nous encore, et ça c'était vraiment beau à voir. Son père la choyait comme il choyait sa propre épouse quand elle vivait. Il préparait à manger pour sa fille et il passait beaucoup de temps à parler avec elle, de Kumasi et de toutes les choses étonnantes là-bas. Il voulait même savoir si elle avait déjà rencontré l'Asantehene, le chef qui est au-dessus de tous les chefs ici.

Menada est venu encore après ça, et James est arrivé avec son parent âgé, donc j'ai sorti le *schnaps* et tous les pagnes pour accomplir les rituels. L'oncle de James a expliqué que les femmes de leur famille avaient consulté les femmes de la famille de Mensisi à Accra, et tout était en ordre là-bas déjà. Il restait seulement la bénédiction du père ici.

Kwaku Ananse s'est levé pour remercier James et son oncle de leur venue. Après ça, il a présenté ses doléances devant l'assemblée, que de quel droit on pouvait lui enlever sa fille comme ça ? (Vous-même vous voyez comment il avait déjà oublié pourquoi, non ?) Mais quand même il a dit aussi, Pour un père, la chose qui est importante plus que tout au monde, c'est voir que son enfant est heureux, et quand je regarde mon enfant ici, Mensisi, je vois qu'elle a vraiment tout le bonheur paaa.

Et là, il a fait signe vers moi pour que j'ouvre la boisson, et j'ai versé le *schnaps* un peu un peu par terre pour les ancêtres, et moi-même j'ai pris une *goutte*. Après ça, tous les anciens ont bu, et comme ça tout était en ordre.

Hmm. Si vous avez bien regardé, vous allez voir que lorsque le temps vient où la pluie va commencer, les oiseaux vont faire silence silence ; mais si ce n'est pas à cause de la pluie, les oiseaux ne font jamais silence, sauf quand ils sont en train de dormir. Ceux parmi nous qui étaient présents ici, tous nous avons entendu les oiseaux faire silence dans le village alors que la pluie n'était pas en train de venir. Et c'était le moment où la main de Kwaku Ananse est tombée sur Mensisi. Ah, il faut voir seulement, il faut voir comment tout était bien, et comment nous étions tellement heureux pour Mensisi. Ce que je dis présentement, c'est que tous nous pensions que la folie de Kwaku était partie, et nous étions là dans le village lorsque nous avons entendu Mensisi crier encore. C'était le milieu du jour, les hommes étaient au travail, mais moi-même j'étais dans ma case, sur la natte avec mon épouse. Dès que nous avons entendu le bruit, elle a poussé sa jambe qui était sur moi et je me suis levé pour aller me couvrir avec le pagne.

Je pensais que j'étais le seul homme dans le village le jour là, et je savais que Kwaku était très fort, donc j'ai pris mon long fusil avec moi. Mais quand je suis arrivé chez Kwaku Ananse, Oduro était déjà en train de tenter de le stopper pendant qu'il donnait des coups à Mensisi par terre. Dès que j'ai vu comment le sang de Mensisi coulait comme ça, j'ai levé mon long fusil, j'ai pointé sur la poitrine de Kwaku et j'ai dit, Si tu ne cesses pas tout de suite de te comporter comme un animal, je vais te tuer tout de suite comme un animal. Donc il a cessé, et il a laissé Oduro partir avec Mensisi pour soigner les blessures. Malheureusement, le sang a continué à couler, et la nuit là j'ai vu Mensisi partir dans la forêt. J'ai marché derrière elle pour surveiller que tout était bien, et est-ce que vous allez me croire si je vous dis qu'elle a pris directement le chemin de l'endroit où je l'ai trouvée quand elle est rentrée dans la forêt toute petite fille ? Oui, elle marché vers l'adakabɛn de Tintin. C'est vrai que notre Tintin était revenu au village depuis depuis, mais sa case près de l'adakabɛn était toujours là.

Mensisi a grimpé sur la grande table de Tintin, elle a passé sa main sur les touches de l'adakabɛn, après ça elle est descendue pour s'asseoir par terre près de la case, et c'est là qu'elle a commencé à pleurer. Je la regardais, et je voyais que tout l'amour qu'elle avait en dedans était devenu des larmes. Elle a pleuré, elle a pleuré, et puis elle a pris son ventre dans ses mains. Comme si elle savait ce qui devait arriver. Après ça, elle a pris la hache que Tintin avait utilisée pour couper les arbres et fabriquer son adakabɛn. Mon âme m'a averti dans mon ventre que peut-être Mensisi voulait se blesser elle-même, donc je me suis préparé pour la stopper.

Elle est rentrée dans le trou du baobab et elle a frappé par terre avec la hache. (Tout ce temps, elle pleurait seulement.) Après avoir fini de creuser, elle a levé son pagne (j'ai regardé ailleurs) et elle s'est baissée sur le trou. Le baobab a tremblé quand elle a crié, et, avec sa main remplie de sang, Mensisi a déchiré un morceau de son pagne, elle a mis ça sur l'enfant mort, elle a fermé le trou avec la terre. Après un peu, elle est sortie pour marcher vers le village.

Est-ce que vous allez me croire maintenant si je vous dis que ça là, c'était seulement deux jours avant le jour où James devait revenir pour partir avec Mensisi ? Hmm. C'était tellement triste. Et quand James est arrivé là… Ah, c'est seulement la force de six hommes qui a réussi à le stopper pour qu'il n'aille pas tuer Kwaku Ananse ! Il a dit que la police allait venir pour arrêter Kwaku Ananse, mais Mensisi l'a supplié de laisser son père. Et la chose qui était vraiment choquante dans l'affaire (c'est Oduro qui nous a signalé ça après), c'est que le jour même la toux de Kwaku Ananse, sa maladie là, c'était parti.

C'est comme ça que le féticheur Oduro a compris que peut-être la malédiction de Yaa Somu était en marche, donc il est allé parler avec Kwaku Ananse. Oduro a dit, Kwaku Ananse, si tu veux une seule chance de fuir la malédiction, que ta main ne vienne plus jamais toucher Mensisi. Et Kwaku Ananse devait aussi prendre une chèvre vivante avec lui pour aller dans la forêt et implorer les ancêtres d'intercéder auprès de Yaa Somu pour lui. Ah ! Kwaku, Kwaku. Est-ce qu'il a écouté seulement ? Non ! Il a dit que

Yaa Somu était anyɛn, et c'est elle qui lui a pris son épouse, et jamais jamais personne ici ne va le voir supplier la femme là.

Donc, personne ne peut dire ici que Kwaku n'a pas eu sa chance pour sauver son âme. Je vous dis, on lui a donné tous les bons conseils chaque fois, et Mensisi elle-même lui a pardonné toujours, mais jamais il n'a changé, jamais il n'a écouté.

Avant votre arrivée (Kwadwo, Garba, c'est de vous que je parle ici), un *policeman* est venu au village ; on l'appelait Sargie. Il était habillé correctement, mais je ne pouvais pas dire si l'homme là était une bonne personne. Parfois, il allait connaître le respect, et parfois non. Nous avons tenté de l'accueillir bien bien comme on fait ici chez nous, mais les hommes qui sont venus avec lui là, ils se sont comportés comme des impolis avec nos anciens. Donc, jusqu'au jour d'aujourd'hui, je ne peux pas vous dire si le sargie là est un homme bon ou un homme mauvais. Peut-être c'est comme ça avec Kwaku Ananse aussi. Quand il voulait, Kwaku Ananse pouvait être une bonne personne, mais souvent il était mauvais. (Notre ami de *Kenya* dit que même l'homme blanc anglais a donné petits cadeaux le jour où il est arrivé pour la première fois dans son pays.) Bon, si vous voyez Mensisi là, il faut savoir que c'est le jour même où l'enfant est venue au monde que la mort a pris celle qui lui a donné la vie, donc c'est son père qui a fait presque toute l'éducation de la petite. C'est pourquoi peut-être elle ne cessait de revenir le voir ? Parce que, l'histoire que je suis en train de raconter maintenant, vous allez dire que vraiment c'est difficile de croire comment l'enfant va venir chez son père chaque fois, alors qu'elle-même sait ce qu'il peut lui faire. En tout cas, il ne faut pas oublier ce que j'ai dit avant, dès que la mort est venue chercher le premier enfant de Mensisi dans ses entrailles, la maladie de Kwaku Ananse a cessé. Sɛbi, Oduro m'avait bien averti sur la malédiction de Yaa Somu. Il a dit, Chaque fois que Mensisi va être dans l'attente d'un enfant, chaque fois Kwaku Ananse va tomber dans la maladie. Et chaque fois c'est la maladie là qui a fait que Mensisi est revenue chez lui, parce que quel enfant va accepter de laisser son père malade comme ça ?

Donc, nous étions ici lorsque Mensisi est venue encore. Kwaku Ananse était parti à Kumasi pour voir sa fille avant. Comme il était malade, James l'a conduit dans l'*hôpital,* mais leurs *docteurs* ont dit qu'ils n'ont pas trouvé quelle est sa maladie, donc certainement c'est la fatigue. Ils ont dit à Kwaku Ananse de bien prendre le repos, mais il a dit qu'il ne peut pas prendre son repos à Kumasi. Donc, même si Mensisi était dans l'attente d'un enfant, elle a dit qu'elle voulait l'accompagner au village, parce que quelqu'un doit préparer à manger pour lui là-bas. Son époux n'était pas content, mais il a laissé faire seulement.

Donc, l'année 1976, Mensisi est venue rester avec nous. (L'année là, nous avons entendu la *radio* akasanoma dire que le dirigeant de notre pays, Acheampong, avait emprisonné beaucoup de personnes parce qu'il pensait que les gens voulaient lui voler son tabouret d'autorité.) Trois nawɔtwe ont passé seulement, et nous avons vu la folie de Kwaku Ananse encore. Le jour là, quand Mensisi est partie dans la forêt, je connaissais déjà l'endroit où elle allait, donc je n'ai pas marché derrière elle. James est parti voir la *police*, mais à cause des problèmes du dirigeant Acheampong, ils ont dit que c'est la *sécurité nationale* qui est leur priorité maintenant, et les querelles petit petit de village là, ce n'est pas leur tracas. Donc notre chef a fait demander Kwaku Ananse pour l'avertir, de commencer à se comporter comme un homme doit se comporter. Et tous, nous avons cru que Kwaku Ananse avait écouté le chef parce que, trois années après, quand James et Mensisi ont laissé Kumasi pour aller habiter à Accra à cause du nouveau travail du garçon là-bas, Mensisi est restée au village pendant une lune entière, et il n'y a pas eu d'embêtements. Mais l'année là, Mensisi n'était pas dans l'attente d'un enfant ; pour dire le vrai, aucun enfant n'est venu pour elle pendant plus de quatre années.

Mais un autre enfant a commencé à exister dans ses entrailles après ça, et Mensisi est venue rester avec nous encore. Un peu avant, les gens avaient fait *coudétat* à Accra, et James a refusé que Mensisi reste là-bas pendant les *couv'feux,* avec les *minitaires* dans tous les sens. Nous-mêmes ici nous n'étions pas inquiets parce que, quand Mensisi est venue au village, sans mentir tout le monde pensait que Kwaku Ananse avait fini avec son histoire de folie. Et j'étais présent lorsque le féticheur en personne l'a averti encore. Le jour là, Oduro a parlé pour expliquer la malédiction. Il a dit que c'était une malédiction ancienne – une malédiction de femme – qui vient d'un temps d'avant Yaa Asantewaa, plusieurs centaines d'années avant, quand le fils de l'Asantehene a voyagé jusqu'au pays de *Soudan* pour aller trouver son amour là-bas. (Ça aussi c'est une autre histoire.) Mais ce que Oduro a dit à Kwaku Ananse le jour là, c'est que si sa main venait toucher Mensisi encore une troisième fois, alors son destin allait quitter les mains des vivants et les ancêtres seraient forcés d'intervenir pour rendre leur propre justice, parce que c'est vrai que tout un chacun a le droit de faire la même erreur deux fois et venir demander pardon après, mais si tu fais la chose une troisième fois encore, alors c'est toi-même qui es en train d'insulter la sagesse de ceux qui ont vécu avant toi.

Donc, vraiment, nous ne pensions pas que Kwaku Ananse allait lever sa main encore.

C'est un peu après seulement que notre chef m'a fait demander. La peau de léopard qui ornait son palais depuis le temps du grand-père de son père avait commencé à déchirer. Il m'a fait demander parce que, au temps de nos Aïeux, au temps où les chefs allaient porter leur tribut jusqu'au royaume asante, c'était ma famille qui accompagnait sa propre famille quand ils partaient présenter leurs respects à l'Asantehene. Les lois anciennes disaient que le chef devait aller jusqu'à Bia pour chasser un léopard une fois toutes les deux années, mais lui-même ne savait pas ce que disaient les lois nouvelles. Parfois quand nous partons à la chasse, les gens qui ont fait l'école de l'homme blanc anglais disent que soi-disant c'est *braconnage*. Mais, aujourd'hui encore, les terres là sont terres asante, et en respect du pacte que sa famille a fait avec l'Asantehene, le chef voulait un léopard. Il m'a fait demander parce que moi, Yao Poku, je suis celui qui connaît bien les manières des rivières et des forêts, et dans notre forêt je sais trouver mon chemin sans être trouvé. Donc, je devais voyager jusqu'à Bia même si nécessaire, pour lui rapporter un léopard.

Garba leva la main avant d'interrompre le chasseur. « Vous pouvez encore chasser les léopards ? demanda-t-il, l'air éberlué.

— Oui.

— Je veux dire, encore aujourd'hui ? Au Ghana ici ? »

Le chasseur acquiesça. « Peut-être ils ont quitté les endroits où j'avais l'habitude de les chasser, mais ils sont dans le pays.

— Vous savez, dans ma famille on dresse des chevaux et des ânes depuis des générations, et mes ancêtres voyageaient loin vers le nord, jusqu'au Mali, pour capturer des chevaux sauvages. »

Kayo prit un air perplexe, sourcils froncés. « Et maintenant, où est-ce qu'ils vont les chercher ?

— Oh, tout a changé. Maintenant les chefs achètent leurs chevaux aux commerçants d'Afrique du Nord. Et les ânes, ils se sont tellement reproduits qu'on peut les trouver en pagaille dans la région du Haut Ghana oriental. »

Kayo rit.

Le chasseur toussota. « Jeunes gens, est-ce que je peux terminer mon histoire ?

— Pardon, Opanyin », dit Garba.

Donc, quand Mensisi est venue l'année là, ce n'était même pas deux nuits avant le jour où j'ai pris la route pour aller traquer le léopard pour notre chef. J'ai pris mon coupe-coupe et mon long fusil et j'ai marché en traversant la forêt vers les montagnes pour rejoindre notre rivière Birim. Arrivé là, j'ai fait tomber deux palmiers, j'ai attaché les deux ensemble avec hamabiri, et j'ai taillé un long bâton pour me guider sur l'eau. C'est vrai que nous avons des routes dans ce pays, mais si tu connais bien les manières des rivières et des fleuves, c'est comme ça que tu dois te déplacer à l'intérieur de la forêt. Les manières d'une rivière, sa beauté, c'est une chose plus grande que toutes les routes. Au bord de la rivière, tu vas voir sukooko, tu vas voir nkwantabisa avec ses fleurs comme le sang, et les caméléons, et les coucous, et aburuburu, et les perroquets, et les pintades. Les pintades, c'est grâce à ça que je n'ai jamais faim quand je fais la route. Si j'attrape une pintade et je la prépare, je peux manger sa chair pendant deux jours entiers. J'ai laissé la rivière Birim me porter jusqu'à l'endroit où elle rencontre les eaux de Pra et Ofin, non loin de Dunkwa. Là, je suis resté près de la rive pour utiliser mon long bâton et lutter contre le courant (sinon les rivières m'auraient emporté jusqu'à la mer, vers Komenda). Lorsque je suis sorti de l'eau près de

Dunkwa, j'avais fait un jour de voyage déjà. L'ombre n'était pas encore descendue, mais comme il faisait tard je me suis préparé pour la nuit, pour bien prendre mon repos avant d'affronter la rivière Ofin. La nuit dans la forêt, tout est noir noir, et si je voulais arriver à l'endroit où j'allais voir les montagnes à Aya, je devais naviguer contre le courant. Donc, dès le retour du jour, j'ai navigué contre la rivière Ofin, et quand j'ai vu les montagnes se dresser à Aya, je suis sorti de l'eau. Parmi les jeunes arbres, j'ai caché les bois des palmiers qui me portaient sur l'eau, et j'ai marché vers le fleuve Tano. (J'étais vraiment content d'être dans la forêt parce que le soleil était déjà sorti.) J'avais beaucoup de marche devant moi, donc j'étais content aussi de voir tous les fruits là en pagaille. Un peu après Goaso, le fleuve Tano est plus mince ; c'est par là que j'ai traversé. Et j'ai pris un peu de repos avant de continuer vers le fleuve Bia pour aller traverser ça aussi, aux alentours de Asuanta. Quand tu arrives dans la forêt de Asuanta, tu sais déjà que tu es sur le territoire des léopards, donc tu dois rester en alerte. Onyame lui-même sait ça, c'est pourquoi il a planté des arbres de kola aux alentours. Le soir était là quand j'ai atteint Asuanta, donc j'ai cherché un endroit pour m'arrêter, j'ai mâché la noix de kola, et j'ai veillé. Les léopards ne sont pas faciles à trouver, mais la chose importante c'est que tu dois bien guetter avant de tuer un seul parmi tous. Ce n'est pas bon de tuer les jeunes ou les femelles, et quand tu vois un mâle, tu dois d'abord regarder bien bien. Parce que si tu tues un léopard qui est avec sa femelle et leurs enfants nouveau-nés, c'est un autre mâle qui va venir directement prendre la femelle pour lui-même, et tuer les enfants. Donc, tu dois viser un mâle adulte. Mais ceux qui sont moins âgés, leur peau est plus jolie aussi. Dans notre jeune temps, nous n'avions pas besoin de voyager jusqu'à Bia pour tuer un léopard ; ils étaient tout près ici, jusqu'au jour où ils ont commencé à construire leurs routes. (Le garçon James, l'époux de Mensisi, il était parmi les gens qui ont construit.) C'est comme ça que je suis resté trois nuits dans la forêt près de Bia et Asuanta. Et le matin de la troisième nuit, quand l'ombre se levait pour partir, j'ai entendu le bruit d'un cob à côté du ruisseau, alors j'ai compris que mon léopard était proche, et je suis resté caché dans la brousse pour guetter. C'est tout comme si je savais ; et bientôt le léopard est venu. Un beau léopard, avec la peau brillante comme la vipère du marécage. Quand l'animal s'est tapi, j'ai levé mon long fusil et j'ai tiré la balle directement entre ses deux yeux, avant même son bondissement. Le cob a sauté bassa bassa et les oiseaux se sont envolés partout dans tous les sens comme beaucoup de petits messagers. Je suis allé voir l'animal avec mon coutelas, j'ai enlevé sa peau, j'ai coupé ses jambes de derrière pour apporter ça chez le chef. Et j'ai pris aussi les jambes de devant pour fêter moi-même à la maison.

Si tu ajoutes tous les jours un, un, un, en tout je suis parti pendant le temps de nawɔtwe. Et quand je suis arrivé au village, Mensisi était partie. Kwaku Ananse restait assis à la devanture de sa case ; il ne parlait à personne. Donc c'est Oduro qui m'a appris que Kwaku Ananse avait frappé Mensisi encore. D'abord je ne pouvais pas croire ce qu'il me disait, mais c'est vrai que Mensisi était partie, donc j'ai demandé si, sɛbi, l'enfant qu'elle portait était bien. Oduro a secoué sa tête, et je suis resté là, en train de pleurer. Une grande personne comme moi. J'ai pleuré, parce que je ne pouvais pas comprendre ce qui n'allait pas chez Kwaku Ananse pour aller tuer son propre petit-enfant comme ça. Je me suis souvenu des paroles des femmes du village quand Mensisi était encore une petite fille, que l'amour de Kwaku Ananse pour son enfant n'était pas une chose naturelle, et j'ai pensé qu'un vieux léopard mâle aussi peut tuer les petits léopards. Ce que je dis maintenant, c'est que j'ai passé toute ma vie dans la forêt, traqué les animaux, guetté après eux. Toutes sortes d'animaux. Oiseaux, phacochères, otwe, léopards, éléphants, ndanko, serpents... Tous, je les ai vus avec leurs enfants, et il n'y a pas un seul parmi ces animaux qui traitait sa descendance comme Kwaku Ananse a traité sa propre descendance. Même une bête comprend que le pouvoir qu'on lui a donné doit être utilisé pour protéger ses petits, ceux qui ont besoin d'elle. Dans mon ventre j'ai pensé, Onyame, le monde est plein d'étonnements, et moi-même ici j'ai vu beaucoup de choses étonnantes, mais ce qui se passe avec Kwaku Ananse là, c'est parmi les plus terribles choses que j'ai vues dans ma vie. Comment l'homme là pouvait encore aller se coucher et dormir ?

Tout ce que les ancêtres peuvent faire là, ça nous

dépasse. C'est pourquoi il est préférable de les honorer au lieu de chercher leur colère. Mais ça, c'est précisément ce que Kwaku Ananse a fait. Quand Mensisi a perdu son troisième enfant, tous nous savions, comme le féticheur Oduro nous a bien dit, que quelque chose devait arriver un jour. Donc nous avons attendu pour voir.

La première année, nous avons guetté après les signes, mais nous n'avons rien vu venir. Le vin de palme était doux comme toujours ; les oiseaux n'ont jamais cessé de chanter ; mon premier-né qui reste à Accra, rendons grâces à la générosité d'Onyame, il a enfanté avec une femme de l'ethnie de sa mère. Même Kwaku Ananse a connu la chance des hommes bons – une bonne moisson. La deuxième année, nous avons pensé d'abord que les choses n'avaient pas changé vraiment, et Kwaku Ananse lui-même a commencé à croire que les ancêtres étaient en train de détourner leurs yeux de lui. L'homme qu'il était anciennement est revenu, et il commencé à boire du vin de palme fort fort encore, et il cherchait querelle aux gens seulement. Mais moi-même je voyais certaines choses dans la forêt, et quand je voyais ça je me demandais si vraiment tout était bien : les antilopes et les cobs étaient en train de s'enfoncer loin loin au fond de la forêt parce que Afema, la lagune qui donne son eau au fleuve Densu, n'avait plus d'eau ; même la rivière Bompom, près de Tafo, avait perdu force. Rapidement, le chef nous a fait demander pour dire que son okyeame, celui qui porte sa parole, avait entendu la *radio* akasanoma raconter que la sécheresse était dans le pays, et la pluie n'était pas tombée correctement. C'est comme ça que nous avons vu ce qui avait changé. La pluie n'était pas venue.

C'est vrai que nous avions des récoltes toujours, mais notre moisson était maigre, et ce qui restait après la part de notre nourriture était trop petit, donc les cultivateurs et les commerçantes ne pouvaient pas vendre beaucoup. Pour Kwaku Ananse, sɛbi, l'année là sa récolte s'est vraiment gâtée, et les fruits de *cacao* qui ont poussé dans son champ étaient comme des petites mains de bébé fermées, il ne pouvait rien vendre. J'ai dit à mon épouse que ça y est, le travail des ancêtres a commencé.

Mensisi est venue pour voir son père dans ce temps. James a refusé de quitter la voiture pour saluer Kwaku Ananse, mais ce que Mensisi a fait (il semblait qu'elle avait commencé à fréquenter une de leurs *églises pentecôtistes*), elle a marché au-devant de son père pour aller lui donner l'accolade. Elle a dit qu'elle a prié pour lui et pardonné. C'est elle-même qui nous a dit que, dans la ville là-bas, tout le monde était en train de lutter pour trouver de quoi manger, et on chassait les gens, et plus d'un million de personnes de notre peuple étaient forcées de quitter Alata pour retourner dans leur village ici au Ghana.

J'ai dit, Eï ! ça là c'est vrai même ?

Mensisi était debout près de la porte de leur voiture, elle voulait partir déjà, et elle a dit oui avec sa tête. Egya, si vous regardez dans le *journal*, vous-même vous allez voir les *photos*. Leur façon de les entasser dans les *camions,* on va croire que c'est du pain qui est en train de gonfler.

Donc, c'est comme ça que les choses ont continué, avec tout le peuple qui luttait fatigué pour trouver une vie un peu meilleure. Même Gawana notre ami de *Kenya* disait que les temps étaient durs. Et Kwaku Ananse, comme Mensisi lui avait pardonné, il a recommencé ses voyages vers Accra régulièrement parce qu'il n'y avait pas de joie pour lui ici. Parfois, il me rapportait des choses que mes fils lui confiaient pour moi ; c'est lui-même qui m'a apporté la *radio* là quelques lunes après la visite de Mensisi.

Kwaku Ananse est tombé malade avec la toux encore, mais Mensisi n'a pas eu moyen de venir pour le soigner parce que son époux s'était blessé. Il avait fait *accident* pendant qu'il voyageait vers Takoradi pour le travail et, sɛbi, ils étaient forcés de couper sa jambe. Après ça, il est resté au lit pendant trois longues lunes, mais il n'a pas retrouvé sa santé, et, avec le temps, Onyame dans sa grande sagesse a décidé de terminer sa souffrance. Le problème, c'est que Mensisi portait un enfant dans ses entrailles, et James avait refusé qu'elle parte au village, mais quand la mort l'a pris, elle était tellement triste de rester seule dans leur maison de Accra, et elle savait que son père était malade, donc elle est venue. Elle a laissé la maison de Accra dans les mains de ses tanties pour louer ça pour elle, et elle est venue au village encore, avec la volonté de rester.

Quand elle est arrivée, tous nous avons vu que la grossesse avait pris force. Mensisi devait délivrer l'enfant moins de quatre lunes après. Ceux parmi nous qui connaissaient Kwaku Ananse ont commencé à craindre pour elle ; plusieurs femmes du village ont dit que Mensisi devait venir rester chez elles, mais la petite a dit que son père était malade, donc sa place était avec lui pour le soigner. Je vous ai dit que la tête de l'enfant était dure depuis petit petit non ? Hmm. Nous n'avons rien dit, et nous avons laissé Mensisi faire ce qu'elle avait décidé elle-même, mais nous les hommes, nous avons commencé à guetter vers Kwaku Ananse. Nous étions préparés, sɛbi, pour le tuer en cas de qu'est-ce qu'il y a, si un jour il commençait à la frapper encore. Nous étions préparés parce que, Kwaku Ananse là, pour nous ce n'était plus un homme, et, sɛbi, qui va aller faire le deuil d'une mouche tsétsé quand elle meurt ?

Donc, comme les guerriers font, nous avons guetté vers la case de Kwaku Ananse ; je guettais, après ça Tintin guettait, et notre ami de *Kenya* guettait aussi. Oduro nous a dit que ce n'était pas nécessaire, mais nous n'avons pas cru ce qu'il nous disait.

Nous étions à notre quelque part quand c'est arrivé. Moi-même j'étais en train de guetter, mais c'était encore tôt le soir, donc tout le monde était dans le village. D'abord nous avons entendu Kwaku Ananse lever sa voix, donc j'ai pris mon long fusil et j'ai marché vers sa case, mais avant même que j'arrive là-bas, nous avons vu un garçon sortir de la forêt pour venir au village ; il était grand comme moi, et les muscles bien formés. Il a couru pour entrer dans la case de Kwaku Ananse un peu avant que moi-même j'arrive à la porte. Je voulais entrer dedans aussi parce que le garçon n'était pas de notre village, mais comme j'ai vu quelque chose, j'ai attendu dehors et j'ai écouté d'abord. Après un peu, tout était tranquille dans la case de Kwaku Ananse, donc je suis parti voir Oduro pour lui raconter ce que j'avais vu.

Vous voyez, les gens disent, sɛbi, quand une chose que tu ne connais pas vient vers toi, tu vas prendre peur, mais quand la chose devient très proche, souvent tu vas voir que c'est un parent seulement. Et c'était comme ça avec le garçon là. Quand je l'ai vu sauter comme un animal pour aller vers la porte de Kwaku Ananse, d'abord j'ai pris peur, mais quand il m'a dépassé pour rentrer dans la case, j'ai vu que je ne devais pas avoir peur. Est-ce que vous allez même me croire si je vous dis que le seul pagne que le garçon portait, un morceau de pagne petit petit attaché autour de ses hanches là, c'était le pagne que j'avais vu Mensisi déchirer douze années avant pour couvrir son enfant mort ? Eï, cette terre ! Moi-même ici j'avais déjà vu des revenants avant, mais pas comme ça, jamais jamais.

Quand j'ai dit ça à Oduro, il a dit, Tu vois ? Les ancêtres sont au travail, la dernière partie de la malédiction est en marche.

J'ai dit, Ils vont faire quoi maintenant ?

Oduro a versé un peu de vin de palme dans une calebasse et il a mis un peu un peu par terre. L'enfant verra le jour ; c'est une fille.

Et le garçon ?

Il grandira pour devenir plus fort que tous les

hommes que nous avons connus dans notre vie. Les autres vont venir aussi ; les deux autres. Ils vont sortir de la forêt comme celui-ci.

Et comme ça, Oduro m'a expliqué toute l'affaire. Les ancêtres avaient renvoyé les garçons vers Mensisi parce que son amour pour ses enfants était tellement grand. Les deux autres allaient apparaître après le premier, dans l'ordre où ils devaient naître normalement, et ils allaient vivre parmi nous pour aider leur mère. Ils seraient des hommes forts, mais sans la possibilité d'enfanter, et ils devaient mourir un an après la mort de leur mère.

La punition de Kwaku Ananse, c'est qu'il devait devenir plus jeune avec les années, mais garder en même temps son âme adulte pour bien comprendre ce que ça te fait quand tu es à la merci d'une autre personne. À chaque arrivée d'un garçon, il devait perdre douze années, et après ça il allait commencer à perdre du poids. Dans ce commencement, Kwaku Ananse ne comprenait pas les choses qui se passaient, mais ça lui plaisait d'avoir une apparence plus jeune. Il a commencé à courtiser les femmes encore (il était forcé d'aller dans les autres villages parce que les femmes de Kakrom n'avaient pas de respect pour lui), et il a commencé à penser que sa vie n'avait pas de fin. C'est lorsque le troisième garçon est arrivé seulement qu'il a commencé à devenir maigre, et comme ça il a compris que la malédiction de Yaa Somu était une malédiction sérieuse. Donc, il a commencé à rester dans sa case, et il est devenu comme l'ombre d'un esprit dans le village – parfois, tu pouvais le voir tenter de se cacher quand il partait cultiver son champ, mais presque toujours il restait au-dedans.

Eï ! Vous allez penser que ça y est, c'est comme ça que la punition s'est finie, mais attendez seulement. La malédiction de Yaa Somu là, c'était attaché au premier enfant que Mensisi a porté dans ses entrailles, non ? Mais la punition d'avant était encore là quand Mensisi a donné sa fille au jour, plus de douze années après. Nous avons regardé la petite pendant qu'elle grandissait au milieu de ses frères (lorsque le troisième garçon est arrivé, Mensisi avait déjà laissé la case de Kwaku Ananse pour aller vivre dans la concession de Yaa Somu), et comme ça nous avons cessé de penser à l'affaire. L'enfant courait partout dès que sa mère partait au champ avec les grands frères, et toute sa pagaille nous faisait rire seulement, parce que nous-mêmes nous avions oublié qu'elle était la punition de quelqu'un. Sɛbi, c'est vrai que Oduro avait donné l'interdiction à l'enfant de quitter le village jusqu'au jour où elle devait fêter ses vingt années, mais tous nous avons oublié. Ce que je dis ici, c'est que nous les Aînés là, nous savions, mais nous avons oublié. Est-ce que ce n'est pas ça notre problème nous les hommes ? Que nous ne cessons jamais d'oublier ?

Le chasseur se redressa sur son siège et saisit dans l'écuelle un dernier morceau de viande. « Hmm. Qu'est-ce que je vais vous dire encore ? C'est ça mon histoire. Et comme toutes les histoires, c'est une histoire qui parle d'oublier. Si nous cessons d'oublier, alors il n'y a plus d'erreurs, et il n'y a plus d'histoires. »

Kayo ne quittait pas des yeux Yao Poku, qui avait passé son bras autour des épaules de Mama Aku ; il ne savait que dire. Alors il ramassa le petit reste de sauce palabre entre ses doigts, et il entreprit de les lécher soigneusement, n'y laissant pas la moindre trace de l'exquise huile de palme pimentée.

« Donc, le musicien Tintin n'a pas vu les bébés grandir ou bien quoi ? » Garba faisait décidément une fixation sur le xylophone géant. Tous les cinq – y compris Yao Poku – affichaient maintenant un air hébété devant leurs écuelles vides et leurs calebasses à demi remplies, qui continuaient de tenir en place sur la table, chacune à son angle d'équilibre étonnamment précaire.

Opanyin Poku eut un petit rire. « Les garçons là n'ont pas grandi ! Ils sont arrivés garçons déjà. »

Oduro et Mama Aku dévisageaient Kayo ; Mama Aku avec un sourire, Oduro avec une expression d'intense concentration qui, s'il n'avait été lui-même si préoccupé, aurait sans doute inquiété Kayo.

« Mais ils étaient tous des bons danseurs ? Ou bien j'ai menti ? insista Garba. Parce qu'elle les a déposés au centre de l'arbre à musique, non ?

— C'est vrai, ils étaient tous des bons danseurs, répondit le chasseur, acquiesçant d'un signe de tête. Très bons danseurs même. »

Kayo leva la main. Le vin de palme lui tournait la tête, mais il fallait à tout prix qu'il saisisse l'occasion qui s'offrait à lui de creuser davantage l'affaire. « Le planteur de *cacao* de votre histoire là, Kwaku Ananse, sa fille l'a laissé comme la fille de Kofi Atta a laissé son père, non ?

— Oui. Lui aussi, sa fille l'a laissé, acquiesça encore le chasseur.

— Et vous savez qui est cette fille.

— Oui, c'est Mensisi. » Le chasseur tendit la main, paume ouverte. « C'est ça que j'ai dit dans mon histoire déjà, non ?

— C'est vrai, il a dit ça déjà », renchérit Garba.

Kayo secoua la tête, comme seul un homme éméché peut le faire. « Non non non non non... Je veux dire, vous savez qui est la fille de Kofi Atta. »

Mama Aku, qui jusque-là avait gardé le silence, eut à son tour un petit rire. « Oh, mais nous tous ici nous savons qui est la fille de Kofi Atta. Dans le village, tout un chacun connaît tout un chacun. »

Mais Kayo secoua la tête à nouveau. « Non non non non non, je veux dire... » Il regarda Opanyin Poku un instant et le désigna du doigt. « Vous savez où est la fille de Kofi Atta, parce que Kofi Atta est votre parent. »

Un silence palpable s'abattit sur la tablée. Au milieu du brouhaha des voix, ce silence dans la buvette d'Akosua Darko fit l'effet d'une chute de pression soudaine, suffisamment significative pour que se tournent dans leur direction quelques têtes, qui aussitôt se détournèrent, faute de spectacle. Mais Kayo comprit qu'il venait de toucher un point sensible. C'était l'élément d'information dont il était le moins certain, parce qu'il s'appuyait sur l'hypothèse que les fameux restes trouvés dans la case, quoi qu'ils pussent être, étaient génétiquement liés à Kofi Atta, mais le stratagème avait tout de même fait mouche.

Opanyin Poku leva sa calebasse pour boire, et ses mains tremblaient. « Qui a dit ça ? C'est moi ?

— Non ce n'est pas vous, mais je le sais. » Kayo appuya ses paumes bien à plat sur la table. « Je sais que c'est vrai. »

Garba se retourna vers Kayo, les yeux brillants d'avoir compris ce qui se tramait. Kayo lui adressa un mouvement à peine perceptible de la tête, et l'agent acquiesça.

« Bon… » dit Opanyin Poku, qui se serrait contre sa femme. « C'est vrai. Nous sommes parents.

— Donc, est-ce qu'il frappait sa fille ? Est-ce que c'est la raison pour laquelle elle est partie ? » En l'acculant, Kayo espérait que la réponse du chasseur viendrait confirmer ses soupçons.

Oduro, Opanyin Poku et Mama Aku hochèrent la tête de concert, et c'est la femme du chasseur qui finit par dire :

« La façon dont il la frappait là, ce n'était vraiment pas bon, hein… Ce n'était pas bon. »

Kayo se penchait maintenant vers l'avant, réduisant encore la distance qui le séparait du chasseur. Dans sa tête, les pensées se bousculaient. « Donc, l'histoire que vous nous avez racontée là, c'est vrai ? C'est l'histoire de Kofi Atta ? »

Le chasseur soupira. « Ah. Peut-être c'est ça l'histoire que tu cherches. Mais ce n'est pas moi qui peux te dire si c'est vrai. Je te raconte une histoire seulement. Sur cette terre ici, nous devons bien choisir quelle histoire nous allons raconter, parce que l'histoire là va nous changer. Ça va changer comment nous allons vivre après. »

Garba tambourinait une cadence adowa sur le bord de sa calebasse. Il s'arrêta. « Il faut m'excuser hein... » commença-t-il en jetant un regard à Kayo, qui opina. « Vous nos Aînés là, vous êtes en train de nous faire danser ici présentement. On vous pose les questions et vous nous donnez un proverbe. Moi là, c'est ça que je veux vous dire. Oui, c'est vrai je suis un *policeman*, mais je ne cherche pas la pagaille ici. Vous êtes des bonnes personnes, vous êtes des bonnes personnes... » Garba laissa sa main un instant suspendue en l'air, comme s'il voulait empêcher quelqu'un de lui prendre la parole pendant qu'il reprenait son souffle. « Nous voulons vous aider seulement. Mon ami monsieur Kayo, celui qui est assis avec nous ici, peut-être il ne sait pas hein, mais notre grand chef est un fou ! Si on ne lui donne pas la chose qu'il demande, c'est fini, votre village ici ne connaîtra plus jamais la paix. Je jure devant ma mère, vous allez voir des *policemans* ici jusqu'ààà, il faut me pardonner de dire hein, jusqu'à vous serez tous morts. Donc, vous n'avez qu'à bien choisir l'histoire que vous allez raconter maintenant. »

Il y eut encore un long silence, puis Oduro prit la parole. « Vous ne pouvez jamais parler de ce que vous avez vu ou entendu ici. »

Kayo fronça les sourcils. « Pourquoi ?

— Quand je vous ai envoyé brûler la chose dans les bambous, la fumée que vous avez respirée là, c'était un sortilège. Si vous allez parler d'une chose que vous avez vue ou entendue ici, à n'importe qui en dehors de ce village, les gens vont vous entendre et croire que vous êtes en train de pleurer seulement.

— Mais si c'est le cas, pourquoi ne pas nous dire la vérité ? » rétorqua Kayo, qui se surprit lui-même à taper un grand coup sur la table, du plat de la main.

Oduro sourit. « Prends patience. » Il posa sa main sur celle de Kayo. « Ce temps n'est pas encore venu. »

De nouveau, Kayo avait l'impression de perdre le contrôle de son enquête, le sentiment que tout rebasculait au cœur du noyau impénétrable de Sonokrom. À ses côtés se tenaient les personnes qui, dans le village, en savaient le plus, et il était hors de question, décida-t-il alors, hors de question qu'il aille se coucher cette nuit encore sans avoir découvert le fin mot de l'histoire. « Je vous ai bien entendus, mais il y a encore une autre chose que je sais. Ce qu'on a retrouvé dans la case de Kofi Atta là, ça vient du fils d'Akosua Darko, ou ça vient de son père. Je peux aller lui demander moi-même… ou vous pouvez me dire tout de suite ce que c'est. » Il se tourna vers Oduro, assis à sa droite. « Egya Oduro, est-ce que vous savez ? »

Oduro hocha la tête et regarda Opanyin Poku, qui se serrait plus que jamais contre sa femme. Le chasseur dévisagea fixement Kayo et, pour la première fois, Kayo remarqua les taches brunes qui maculaient le blanc de ses yeux. Il ressemblait au vieillard qu'il était, et plus tellement à ce chasseur rusé, au physique sec et noueux, qu'il avait rencontré en arrivant à Sonokrom.

« Kwadwo… » Opanyin Poku s'interrompit,

enfouit son visage dans sa main droite. Alors Mama Aku passa la sienne dans le dos de son mari et dit : « Yao… ça va aller, ça va aller. »

Le chasseur découvrit son visage, releva le menton. « C'est son père. Kofi Atta était le père d'Akosua Darko. Il la frappait. Il la frappait… » Il enfouit de nouveau son visage dans sa main.

Kayo regarda l'ombre de Mama Aku se mêler à celle du chasseur sur le mur derrière eux, puis il baissa les yeux vers la masse sombre de sa propre main sur la table.

Oduro soupira, et Garba dit : « Écoutez. »

Du lointain leur parvenait le son clair d'un xylophone, une mélopée d'arbres abattus.

MENADA

Kayo se tenait au milieu de la case de Kofi Atta et, par la petite ouverture de fenêtre, il contemplait un coin de forêt. Il avait passé toute la nuit à examiner les différents éléments de preuve, afin de mettre sur pied une hypothèse plausible, une histoire qui tienne la route et qui résiste à l'examen minutieux d'autres agents de police. Il lui serait impossible, il le savait, de se faire avant la fin de la semaine une idée complète et précise de ce qui s'était passé dans cette case. Il commençait même à se dire que l'ultime vérité des choses, comme l'amour, se trouvait hors de portée de toute forme d'explication scientifique ; et quoiqu'il en fût fort contrarié, il avait aussi en tête que son rapport d'enquête se trouvait déjà entre les mains de l'inspecteur principal P. J. Donkor. Il ne restait plus qu'à s'assurer que les témoignages des villageois concordent. Kayo bénéficiait à cet égard d'un avantage certain – à sa connaissance, la police nationale du Ghana ne disposait d'aucun autre expert médicolégal, et surtout, les restes humains avaient été détruits pour satisfaire le besoin d'apaisement du chef.

Avec le recul, Kayo se demandait si ce n'était pas justement au moment où il avait accédé à la requête de Nana Sekyere, lui demandant de laisser Oduro choisir la manière dont on allait se débarrasser des restes, que son enquête avait cessé d'être scientifique. Mais, après tout, de quel droit aurait-il pu, lui, Kayo, arriver dans ce village et prétendre balayer d'un geste les traditions de ces gens, leurs coutumes, et précipiter dans le chaos tout un monde, au nom d'une science qui, pourtant, n'était pas dénuée d'incertitudes ?

Kayo poussa un profond soupir et enfonça les mains plus profondément dans ses poches. Maintenant qu'il venait de passer trois jours consécutifs dans le village, il commençait à se poser les mêmes questions que celles que lui avait adressées le chasseur le jour où ils s'étaient rencontrés la première fois, alors qu'ils cheminaient ensemble vers la concession du chef.

« Donc, Kwadwo, toi aussi tu es un *policeman* ?

— Non, Opanyin, je suis ici pour les aider seulement. Mon travail, c'est d'expliquer les crimes, la mort et ce genre de choses. »

Le chasseur rejeta la tête en arrière et éclata d'un rire si tonitruant que Mensah et Garba, qui marchaient quelques mètres plus loin, s'arrêtèrent un instant avant de poursuivre leur chemin. Opanyin Poku pointa son index en direction de Kayo. « Toi ici là, tu expliques la mort ?

— Oui, rétorqua Kayo, défiant.

— Alors, dis-moi, pourquoi les gens meurent ?

— Parce qu'ils sont vieux, ou malades, ou parce que quelqu'un les attaque… Je ne sais pas.

— Donc c'est faux, tu ne peux pas expliquer la mort.

— Opanyin, c'est mon travail. C'est ce que je fais.

— Moi, tu sais, je suis un chasseur. Je tue des animaux pour manger, mais je sais qu'ils ne meurent pas parce que je tire sur eux avec mon fusil ou parce que je les prends dans mes pièges. Pourquoi certaines bêtes peuvent s'échapper et d'autres non ? Hein ? Une antilope qui est restée toute sa vie dans la forêt là, pourquoi un jour comme ça elle va venir directement devant mon long fusil pour que je la tue ? Tu peux me dire ça ?

— Non, le hasard peut-être ? »

Le chasseur secoua la tête. « Celui qui croit au hasard ne connaît pas la puissance d'Onyame et des ancêtres. »

Le chasseur avait raison ; il n'y avait pas de « pourquoi » dans son travail. Pour un meurtre, on pouvait aller jusqu'à déterminer le mobile, ainsi que le *modus operandi* du meurtrier, mais on était bien incapable de dire pourquoi la victime était morte à six heures trois plutôt que six heures deux ; il y avait toujours une part d'inconnu. Son grand-père Okaikwei avait trouvé la mort dans une flaque d'eau, et Kayo aurait beau s'acharner à enquêter sur cet événement, jamais il ne découvrirait pourquoi il était survenu. Si l'on en croyait les « Sages » – comme aurait dit Opanyin Poku –, seuls les ancêtres détenaient un tel savoir. Kayo laissa échapper un petit rire. Il s'amusait de constater à quel point le chasseur pouvait être fasciné par son métier de légiste et tout son appareillage, à quel point Opanyin Poku respectait même, quoiqu'avec retenue, certains aspects de ce travail d'investigation, tout en se montrant dédaigneux par ailleurs. Mais peut-être était-ce la bonne attitude à adopter ; peut-être Kayo serait-il, lui aussi, mieux équipé pour comprendre la vie s'il ne croyait pas en l'existence de vérités scientifiques absolues.

Kayo jeta un coup d'œil à sa montre ; il était onze heures quatorze. Garba n'allait pas tarder à rentrer de Koforidua ; et dans les vingt-quatre heures, l'inspecteur principal Donkor débarquerait dans le village. Il fallait absolument que Kayo parle à Opanyin Poku.

« Agooo. » Kayo se tenait à quelques mètres de l'entrée de la case du chasseur.

« Amɛɛ. » La voix de Mama Aku gazouilla pardessus le perpétuel bruissement de feuilles qui constituait le chœur de Sonokrom.

« Kwadwo, c'est toi ? » Il sembla à Kayo qu'Opanyin Poku avait la bouche pleine.

« Oui, Opanyin, c'est moi. »

« Ah, entre, entre. » Opanyin Poku releva la natte qui masquait l'entrée et fit signe à Kayo d'approcher.

La case de Mama Aku et Opanyin Poku disposait de trois ouvertures au lieu de l'unique fenêtre habituelle, si bien que même avec la natte de l'entrée rabattue, la pièce était baignée de lumière. La radio du chasseur, posée sur le bord d'une table, beuglait une chanson que Kayo ne connaissait pas. Mama Aku se leva pour placer un tabouret devant la table dressée, garnie d'un plat de tilapia en friture accompagné de kenkey, avec un petit mortier de piment rouge fraîchement écrasé.

Mama Aku apporta un bol d'eau pour Kayo. « Tu es venu nous visiter. Lave tes mains et mange avec nous. »

Kayo sourit. Il n'avait pas humé le fumet d'un plat de poisson depuis son départ d'Accra deux jours plus tôt. Les convenances lui interdisaient de décliner une invitation que, de toutes les façons, il avait envie d'accepter.

Le chasseur et sa femme attendirent que Kayo ait fini de se laver les mains avant de continuer leur repas.

« Tu vois, dit le chasseur, moi je suis un grand chasseur de gibier, mais chaque samedi cette femme m'envoie attraper tilapia pour elle. »

La bouche déjà pleine de kenkey, rompant avec ses doigts un morceau de poisson frit, Kayo se contenta de hocher la tête.

« Il ne faut pas lui prêter attention, rétorqua Mama Aku. Quand il est venu me courtiser jusqu'à Accra, je lui ai dit que jamais il ne va me voir partir avec lui s'il ne me promet pas du poisson. Je n'ai forcé personne. »

Kayo sourit. « Ma mère vend du poisson, vous savez… Je vous en ferai apporter. Je suis sûr que ça fait longtemps que vous n'avez pas mangé de poisson de mer.

— Ah, Kwadwo, parfois je rêve tellement de manger du bon maŋ frais et du tsile ! »

Le chasseur regardait Kayo, un large sourire aux lèvres. « Toi le garçon de Accra là. Tu viens me voir ici pour donner à mon épouse des envies de partir ? »

Mama Aku rit. « Oh, laisse-le ! Qui va vouloir me prendre pour épouse maintenant que tu as fini de m'user ? »

Kayo manqua s'étouffer en joignant son rire aux leurs. Il toussotait, se raclait la gorge, si bien que le chasseur se leva pour aller lui chercher une calebasse d'eau à boire.

« Il faut verser un peu un peu par terre », dit Opanyin Poku à Kayo, quand ce dernier eut fini de tousser. « Les ancêtres t'ont accordé leur bienveillance, accorde-leur de boire un peu d'eau avec toi. »

Kayo versa quelques gouttes d'eau sur le sol de terre battue, puis il inclina la tête et dit : « J'ai besoin de vous parler de cette affaire de police. »

Opanyin adressa un regard à sa femme. « Nous écoutons.

— Je ne sais pas si la police va vous poser encore des questions, mais s'ils le font, dites-leur ce que vous m'avez dit : que vous êtes son cousin, qu'il n'avait pas d'amis, que sa fille l'a laissé. Mais... » Kayo s'interrompit un instant. « Je voudrais que vous leur disiez aussi qu'il fréquentait une femme en Côte d'Ivoire, et qu'elle venait ici parfois.

— Kofi Atta ? murmura Mama Aku.

— Oui.

— Continue, dit Opanyin Poku avec un hochement de la tête.

— Il y a deux semaines de cela, des hommes sont

arrivés de Côte d'Ivoire avec des coupe-coupe. Ils cherchaient Kofi Atta. Ils ont dit qu'ils venaient lui donner un avertissement pour qu'il cesse de frapper leur cousine, qui porte un enfant. Et après ça, vous ne les avez plus vus. C'est tout. »

Opanyin Poku se leva. « J'ai entendu. Est-ce que je suis le seul qui doit connaître l'histoire là ? »

Kayo se lavait les mains dans le bol posé sur la table. Il secoua la tête. « Je vous ai raconté cette histoire pour que vous l'aidiez à faire son chemin jusqu'à ceux qui ont besoin de la connaître. » Et il se leva pour prendre congé de ses hôtes.

Le chasseur fit un pas vers lui, prit sa main entre les siennes. « Kwadwo, tu as fait honneur à notre coutume. »

Kayo inclina la tête. « Mama Aku, merci pour le repas. »

Mama Aku s'avança vers Kayo pour le prendre dans ses bras. « Pas de merci entre nous, Kayo. Tu es mon enfant. »

Dans sa case, Kayo attendait l'agent Garba, qui ne devait pas tarder à rentrer de Koforidua. Sitôt que le ronronnement du moteur de la Range Rover se fit entendre, il bondit de la natte et se précipita sur le seuil.

Garba le rejoignit au pas de course. « Mission accomplie, saa' !

— Vous avez faxé le rapport ? Vous êtes sûr qu'il l'a bien reçu ? »

Garba, toujours en tenue de civil, arborait un large sourire et avait comme un air d'égarement. « Bien reçu, le plan est en action. J'ai été contacté par radio sur le chemin du retour : Donkor est déjà en route.

— Donkor ? Déjà ? » Kayo ne s'attendait tout de même pas à le revoir aussi vite. « Ça va lui prendre combien de temps d'arriver ici ?

— Je crois… » Garba se gratta la barbe, qu'il avait maintenant très épaisse. « En convoi spécial, deux heures et demie, je crois.

— Parfait, Garba. Lisez le rapport et mémorisez-le en détail. Il faut qu'on parle tous le même langage.

— Oui, saa', fit Garba d'une voix hésitante.

— Garba, où est le document imprimé ?

— Ah… » Garba souriait d'un air penaud. « Il est dans la voiture. » En douze grandes enjambées, l'agent franchit la distance qui séparait la case du véhicule et revint avec le rapport.

Kayo se rassit sur sa natte, puis il s'étendit de tout son long. Les yeux fermés, il essayait de se détendre.

« Monsieur Kayo… »

Kayo entrouvrit un œil et regarda Garba, qui avait rapproché sa natte de la sienne pour s'asseoir juste devant lui.

Garba lui tendait les feuillets imprimés. « Sah, vous pouvez me le lire ? Je me souviens mieux comme ça – comme une histoire. »

Kayo soupira, s'empara du document d'un geste vif et se redressa.

Le mercredi 21 juillet, aux environs de 9 h 45, à la suite d'un long entretien avec l'inspecteur principal Percival Joseph Donkor, chef de la coordination régionale de police, j'ai été affecté à une mission d'investigation médicolégale en tant qu'expert, afin d'enquêter sur les lieux d'un présumé homicide à Sonokrom, localité de la région Orientale. J'ai pu disposer dans ce cadre de l'assistance d'un personnel compétent et expérimenté, en la personne de Garba Musah, agent des forces de police municipale du Grand Accra, lequel agent devait me servir de chauffeur pour me rendre sur la scène de crime.

Les détails de l'affaire sont les suivants :

Un individu de sexe masculin (témoin A) et un individu de sexe féminin (témoin B) découvrent de présumés restes humains dans une case de village de l'arrière-pays, laquelle découverte est aussitôt signalée aux autorités compétentes d'Accra.

Une équipe est rapidement déployée dans le village, afin d'y effectuer le travail d'investigation préliminaire.

Le médecin légiste en charge de l'analyse des restes organiques émet l'hypothèse, toutefois incertaine, qu'il pourrait s'agir de matière placentaire.

Il est décidé, après délibération au plus haut niveau de la hiérarchie des forces de police, qu'un expert doit être sollicité, ce qui me vaut d'être affecté à cette mission.

À notre arrivée à Sonokrom, à 13 h 17, l'agent Garba Musah et moi-même sommes accueillis par l'enquêteur Isaiah Mensah. Après consultation de Nana Sekyere, le chef du village, nous sommes conduits à une case appartenant, selon les allégations des villageois, à un certain

Kofi Barima Atta. Le logement est situé à l'extrémité nord-est du village, à proximité immédiate d'une case appartenant à M. Kwaku Wusu, malafoutier de son état. Un tas de charbon et les débris d'une jarre en terre cuite sont retrouvés à l'extérieur. Sur le seuil, on retrouve également un objet lisse, brillant, ovale et noir, que l'enquêteur Mensah identifie comme étant une pierre du lac Bosumtwi, laquelle pierre serait communément utilisée pour rafraîchir l'eau dans les jarres. Tous les objets présents sur la scène de crime sont photographiés, étiquetés et numérotés, puis ensachés pour servir de pièces à conviction.

L'intérieur de la case est un espace de forme circulaire dont le sol et les murs sont constitués de terre battue, sans aucun cloisonnement intérieur. Le contenu de la pièce est comme suit : une jarre en terre cuite contenant du vin de palme, trois coupons de pagne pliés, de la nourriture en état de décomposition, une table, une assiette émaillée, deux marmites de cuisine. L'enquêteur Mensah procède au relevé des empreintes susceptibles de se trouver sur tous ces éléments ; la pièce entière est soumise à un balayage de contrôle au scanner Blue Merge, à une longueur d'onde de 450 nanomètres. Ce balayage révèle des traces apparentes d'éclaboussures et d'égouttement d'un liquide susceptible d'être de l'urine, dont l'aspersion se caractérise par une vitesse moyenne à rapide. La variation de cette vitesse d'aspersion semble indiquer qu'il s'agit soit d'une auto-émission, soit d'un déversement. Les restes de chair mentionnés dans le rapport initial de cette affaire sont retrouvés sur une natte au milieu de la pièce. Un examen plus approfondi révèle la présence de larves de mouches dans ces restes organiques, lesquels se présentent sous une forme indéterminée, émettant une odeur nauséabonde. Des échantillons de tissus et de fluides sont prélevés sur cette masse organique, ainsi que quelques spécimens de larves. Tous les échantillons de chair et de fluide sont soumis à congélation dans un bain d'azote liquide, puis sont convoyés vers Accra sous la responsabilité de l'enquêteur Mensah, afin d'y être analysés. Dans un souci de santé publique, étant donné leur état de putréfaction avancée, les restes de chair sont incinérés. Le travail d'investigation de la scène de crime s'achève à 17 h 36.

Le vendredi 23 juillet, l'agent Garba Musah procède à l'interrogatoire de tous les adultes résidant à Sonokrom. Les personnes interrogées déclarent n'avoir pas vu M. Kofi Barima Atta pendant la période d'un mois qui a précédé les faits. Toutefois, M. Kwaku Wusu, le malafoutier, aurait entendu une jarre se briser au cours des heures qui ont précédé la découverte des restes organiques. En outre, M. Yao Onunum Poku, chasseur de son état, et cousin de M. Kofi Barima Atta, révèle qu'un groupe de cinq hommes originaires de Côte d'Ivoire seraient venus dans le village quelques semaines avant la découverte des restes organiques, manifestant un comportement menaçant l'égard de M. Kofi Barima Atta. Ces hommes étaient armés de coupe-coupe et auraient déclaré qu'ils venaient avertir M. Kofi Barima Atta, qui se trouve avoir des antécédents de violence domestique, de cesser de frapper leur cousine, qui, selon certaines allégations, aurait été la maîtresse de M. Kofi Barima Atta.

Garba remua un peu sur sa natte, se gratta la barbe.

Kayo s'interrompit. « Il y a un problème ?

— Non, saa', je peux croire votre histoire… J'aime ce que vous dites sur moi, et l'histoire de la scène de crime là, ça aussi ça me va, mais… » Garba sourit et se gratta de nouveau la barbe. « L'histoire de la femme là, ça sort d'où même ?

— Relation amoureuse dysfonctionnelle ; c'est pour le mobile. » Kayo posa le rapport à côté de lui. « Vous voyez, Garba, à cause des troubles actuels en Côte d'Ivoire, personne n'ira vérifier tout ça. Le problème, c'est qu'on ne sait toujours pas comment les fameux restes humains sont arrivés dans la case. Il va falloir qu'on invente quelque chose. »

Garba hocha la tête, puis il tira sec sur un poil de sa barbe. « Ah oui, je vois. Tactique de diversion. » Il éclata de rire. « Vous là, c'est Monsieur-Un-Homme-En-Vaut-Mille trop trop même ! »

Kayo secoua la tête. « Chaley, il faut écouter d'abord avant que Donkor va arriver. » Il reprit sa lecture.

Les résultats d'analyse du laboratoire confirment que les traces d'urine présumée, ainsi que les fluides prélevés sur les restes organiques, proviennent bien du même ADN, et le test du chromosome X révèle que ces deux échantillons ont des traits communs avec l'ADN de M. Yao Onunum Poku, dont la mère se trouvait être la sœur aînée de la mère de M. Kofi Barima Atta. L'analyse des tissus organiques a déterminé que les restes de chair trouvés dans la case possèdent des caractéristiques identiques à celles d'un poumon humain. Ce qui laisse penser que M. Kofi Barima Atta est très probablement décédé.

J'avance ainsi l'hypothèse que M. Kofi Barima Atta savait que les hommes de Côte d'Ivoire étaient à sa recherche. Il aurait donc fui pour leur échapper, mais aurait été retrouvé et assassiné à une date située entre le 30 juin, lorsque le groupe des cinq hommes de Côte d'Ivoire est apparu à Sonokrom, et le matin du dimanche 18 juillet, lorsque le poumon présumé a été découvert dans la case. L'un des hommes de Côte d'Ivoire serait revenu à Sonokrom dans la nuit du samedi au dimanche, pour déposer le poumon de M. Kofi Barima Atta à l'intérieur de sa case, et y répandre l'urine de ce même Kofi Barima Atta, dans le but de profaner les restes du défunt. Dans sa hâte au moment de se débarrasser de l'atroce dépouille, l'auteur du crime aurait brisé la jarre d'eau qui se trouvait à l'entrée de la case de M. Kofi Barima Atta. Cette hypothèse concorde avec les résultats des analyses et avec les éclaboussures d'urine.

« Eï ! saa', les gens ne vont pas aller vérifier les échantillons là ? »

Kayo sourit. « Pas d'inquiétude, le gars du labo est un ami. Ce n'est pas difficile de trouver des tissus de poumon humain, et Joseph est le seul qui soit capable de faire des analyses génétiques fiables. » Il se leva. « Et votre patron lui-même, il ne va jamais questionner les résultats. Il a demandé assassinat, donc je lui donne assassinat. Les détails là, vous allez souvenir ça bien bien maintenant ?

— Oh, je vais souvenir, monsieur Kayo, y a pas problème. C'est une très bonne histoire. »

Ce que Kayo ne s'attendait vraiment pas à voir, c'était l'inspecteur principal Donkor débarquant avec la presse. Or ce fut ce qui se passa. Ils arrivèrent en grand convoi, deux jeeps de police bondées, et tout ce monde qui en descend et s'éparpille en éventail, comme une colonne de fourmis légionnaires dont on aurait dérangé la procession.

L'inspecteur principal Donkor s'extirpa à son tour d'une Range Rover bleu foncé, identique à celle que Garba s'était procurée pour leur deuxième voyage vers Sonokrom, à ceci près que les vitres en étaient teintées.

P. J. Donkor avait revêtu sa tenue d'apparat au grand complet, avec une petite tresse blanche amidonnée qui se détachait nettement sur le bleu sombre de son uniforme. Il sourit en apercevant Kayo, s'avança vers lui à petites enjambées saccadées pour lui serrer la main. Une série de flashs se déclencha soudain, quatre photographes se bousculant autour d'eux pour capturer des images de l'inspecteur principal donnant l'accolade à Kayo.

« Bravo, souffla Donkor à son oreille. Le lien avec la Côte d'Ivoire... Parfait, tout simplement parfait. Une affaire d'envergure internationale.

— Merci. » Le regard de Kayo glissa par-dessus la

tête de l'inspecteur principal pour s'arrêter sur le chauffeur du véhicule, un homme plutôt costaud et de taille moyenne, portant des lunettes de soleil réfléchissantes, et qui lui tirait son chapeau.

Donkor se retourna. « Ah, Odamtten. Voici le sergent Mintah. Mon bras droit et mon premier homme de confiance. Ex-militaire. » Il posa sa main en bas du dos de Kayo, comme s'il voulait le pousser vers le sergent Mintah, puis il claqua des doigts en direction de Garba. « Agent Garba, venez me montrer la scène de crime. »

Kayo serra la main du sergent Mintah. « Bonjour, saa'. » Kayo adressa un sourire à son propre reflet dans les lunettes du sergent. « Alors c'est vous qui m'avez appelé au téléphone. » Dans sa tête vinrent résonner les accents mélodieux de la voix de Stevie Wonder chantant *Don't You Worry 'Bout A Thing*.

Et le sourire du sergent Mintah découvrit au milieu de la rangée supérieure de sa denture une incisive cassée. « Coupable. J'étais impatient de vous rencontrer. Il paraît que vous avez fait la vie dure à l'inspecteur principal ?

— Je ne crois pas, non. C'est plutôt lui qui s'est joué de moi. »

Le visage du sergent Mintah se durcit un instant. « Je vous conseille de garder ceci en tête, c'est un homme très spécial. » À ces mots, il se pencha vers l'intérieur de la voiture pour attraper un journal qu'il montra à Kayo. Il était daté de la veille.

Sous un titre qui disait « MEURTRE MYSTÉRIEUX À SONOKROM », il y avait une photo de

Kayo, croulant sous le poids de son ordinateur et de sa mallette d'expert médicolégal. Kakra avait pris ce cliché le jour de son arrivée d'Angleterre. L'article, dessous, débutait ainsi : « Entre en scène un expert venu d'Angleterre – la suite en page 3. »

Le sergent Mintah rangea le journal dans la voiture. « L'inspecteur principal a fait un communiqué lorsque vous avez quitté Accra. Je connais l'homme, donc j'ai préféré donner déjà l'argent qu'on vous doit à votre mère, quand je suis allé récupérer la photo chez vous. Vous devriez…

— Saa' ! » Garba, essoufflé, s'arrêta près des deux hommes. « Monsieur Kayo, Donkor dit que vous devez venir pour faire la photo devant la case de Kofi Atta. »

Kayo serra de nouveau la main du sergent Mintah, puis il emboîta le pas à Garba.

L'inspecteur principal se tenait sur le seuil de la case avec le chasseur, qui donnait l'impression d'avoir été transplanté là avec sa radio, l'air dépenaillé à côté de cet officier de police à l'allure impeccable. Kayo et Garba se joignirent à eux pour une photo de groupe, puis Donkor fit deux pas en avant et s'éclaircit la voix. Deux reporters de presse munis de caméras vidéo se frayèrent à coups de coude un passage jusqu'au devant de l'assemblée de journalistes.

La voix de l'inspecteur principal Donkor s'éleva, claire et puissante. « Chers concitoyens, j'œuvre pour les forces de police du Ghana depuis plusieurs années, j'ai gravi un à un les échelons de la hiérarchie et je ne me souviens pas d'un événement qui m'ait apporté autant de fierté que celui-ci. Nous avons ici une affaire de meurtre, un assassinat perpétré par des criminels *internationaux,* et qui a été résolue en un temps record, moins d'une semaine après que la police en a été saisie. Sachez-le bien, tel est le nouveau visage de la police du Ghana – avec ses procédures d'investigation de haut niveau, le meilleur de la technologie, et son expertise intercontinentale, plus jamais un criminel ne connaîtra la paix : ni ici, ni à Koforidua, ni à Accra, nulle part au Ghana… et même pas en Sibérie. » L'inspecteur principal sortit de sa poche un mouchoir blanc pour éponger les gouttes de sueur qui commençaient à perler sur son front. « Nous avons ici un homme, brutalement assassiné par des lâches de la pire espèce, ceux qui ne sont même pas capables de respecter les morts, mais grâce à notre expertise en matière de médecine légale, nous avons monté contre eux un dossier en béton, nous savons qui ils sont. » La joue de l'inspecteur principal tressauta deux fois. « Aujourd'hui, je vous le dis – l'ADN, ça ne ment pas. Grâce à notre travail d'investigation approfondi, nous savons qu'ils ont pris la fuite vers la Côte d'Ivoire, mais nous, votre police, nous voulons que vous sachiez ceci : nous allons faire honneur à la réputation de nos forces et démontrer le leadership de notre nation dans le domaine de la sécurité internationale ; nous les trouverons. Nous allons pénétrer dans cette guerre civile, nous allons débusquer ces rats et nous allons les faire sortir de leur trou. » L'inspecteur principal s'était maintenant composé un masque de gravité. « Mais, pour l'heure, toutes nos pensées vont au cousin de la victime – il fit un geste en direction d'Opanyin Poku – et à l'immense deuil qui est le sien aujourd'hui. Je vous remercie. »

Dans un moment de parfaite synchronisation, les deux caméras firent un panoramique sur Opanyin Poku, qui affichait un air d'intense concentration, puis revinrent sur le visage de l'inspecteur principal Donkor, pour un ultime plan rapproché.

Le temps que P. J. Donkor termine son discours, la plupart des villageois s'étaient rassemblés pour assister au spectacle. Donkor leur adressa un petit salut, avant d'agripper la main de Kayo qu'il entraîna avec empressement vers le sergent Mintah et la Range Rover.

« Alors, mon jeune *Expert,* votre rapport, c'était formidable. Le traitement des... des... des... » La joue de Donkor tressaillit dans son effort de réminiscence. « Les éléments de preuve... L'hypothèse... Je crois que vous seriez vraiment un précieux atout pour nos forces de police. » Il sourit, exhibant ses dents minuscules un tout petit peu plus longuement qu'il ne le faisait habituellement. « Venez prendre un verre avec nous. »

Kayo jeta un regard en direction de la concession d'Oduro, vers la case où l'attendaient toutes ses affaires. « D'accord, mais je dois juste aller récupérer mon ordinateur portable. » Donkor eut un rictus. « Inutile. On enverra un message radio à Garba pour qu'il s'en charge. Venez. » Il passa le bras autour des épaules de Kayo et lui ouvrit la porte arrière de la Range Rover.

Le sergent Mintah s'installa au volant et démarra.

Dès que l'inspecteur principal Donkor se fut assis, la voiture s'engagea sur la route et prit la direction opposée à Koforidua et Accra. La surface du bitume semblait plus que jamais lisse, un pansement gris de modernité sur les plaies de la nature.

Ils n'avaient guère roulé plus de deux ou trois minutes lorsque Donkor ouvrit la boîte à gants et en sortit une bouteille de Jack Daniels, avec trois petits verres.

« La boisson préférée de Frank Sinatra », dit-il en remplissant les verres. Il en tendit un à Kayo. « Il n'est que juste d'arroser ce succès sur la route qui nous a tous conduits vers notre bonne fortune. » Il s'envoya le contenu du verre dans le fond du gosier et se flanqua un grand coup sur la poitrine.

Le sergent Mintah, lui, descendit son whisky en silence, d'un trait.

Avant de vider son verre, Kayo attendit que les deux autres aient terminé le leur. « Que voulez-vous dire ? »

Donkor rit. « C'est la route que le ministre a fait construire pour sa maîtresse et, grâce à elle, maintenant, je suis sûr de franchir mes deux grades d'avancement d'un seul coup. Elle était vraiment soulagée d'apprendre que la chose était juste un poumon. Elle avait déjà commencé à consulter un voyant. Bon ! Disons… trois, quatre années encore, peut-être un peu plus, et je serai à la tête de la police du Ghana.

— Ah, dit Kayo en hochant la tête.

— Alors dites-moi, qu'est-ce qu'il y a de vrai dans ce rapport ? » demanda Donkor en se retournant brusquement pour planter son regard de granit dans les yeux de Kayo.

« Tout est vrai, inspecteur. » Kayo faisait tourner son verre vide entre ses doigts.

« Ce ne serait pas très avisé de me mentir. » Donkor le fixait toujours de son regard immuable.

« Tout est vrai. » L'inspecteur principal se détourna pour faire face à la route, et le bras de Kayo resta un instant suspendu en l'air. « Maintenant, parlons de votre avenir. Comme nous en étions convenu, c'est vous qui dirigerez le nouveau département médico-légal et vous le ferez au sein du Bureau national des investigations. Mais vous travaillerez directement sous mon autorité. » Il se tourna de nouveau vers Kayo, ses mains jointes en triangle devant sa bouche. « J'ai besoin d'un homme à moi à l'intérieur du Bureau. »

Kayo se repassa en tête toutes les conversations qu'il avait eues avec Garba, le sergent Ofosu, et ses propres impressions des jours précédents, et finalement il secoua la tête. « Je n'ai pas encore décidé si je voulais ou non travailler pour les forces de police. » Sitôt qu'il eut fini de dire cela, il sut qu'il n'aurait jamais dû. Une vision de la masse sombre sous le siège de Donkor, chez lui devant sa piscine, lui traversa l'esprit, et il se rappela aussi le sepow brodé, une image qu'il avait rencontrée dans un poème de Kwesi

Brew, *Le rêve du bourreau.* Trop tard.

Donkor se détourna de nouveau, refit face à la route, le regarda dans le rétroviseur. Il sourit. Puis il jeta un coup d'œil au sergent Mintah. « Sergent, quittez la route et garez-vous. »

Kayo vérifia sa portière ; elle était verrouillée.

Mintah obéit, et le reflet sur les verres de ses lunettes semblait chercher Kayo tandis qu'il manœuvrait pour se garer au milieu d'une clairière.

Donkor déverrouilla la portière de Kayo et sortit son pistolet de son étui. « Descendez », ordonna-t-il.

Kayo obtempéra et laissa Donkor le guider sous un acacia, avant de se retourner pour lui faire face. Là-bas, le soleil étincelait sur les lunettes du sergent Mintah, comme si l'homme s'amusait à lui faire des clins d'œil.

« Écoutez, commença l'inspecteur principal Donkor de la même voix que celle dont il s'était servi pour parler à la télévision. Je vous aime bien, et vous êtes un type intelligent, donc je vais vous donner une dernière chance. Vous en savez trop sur cette affaire et ceux à qui elle profite, alors soit vous êtes avec moi, soit vous êtes contre moi. Si vous refusez de travailler pour moi, je vais devoir vous tuer, par respect pour tous les secrets que nous partageons. » La joue de l'inspecteur principal tressaillit à trois reprises. « Écoutez-moi, je peux vous aider. Vous n'aurez plus jamais à vous soucier des questions d'argent et bientôt vous allez pouvoir monter en grade. C'est ce que vous vouliez, non ? »

Kayo entendait le staccato de son cœur dans le

battement du sang à ses tempes. Il regarda le sergent Mintah, qui secouait doucement la tête. Dire oui, c'était sauver sa peau, mais cela ferait de lui un pion de Donkor ; il n'avait pas travaillé toute sa vie pour cela. Il savait qu'il n'y avait pas d'échappatoire ; ils étaient perdus dans la nature. Bluffer. Kayo regarda Donkor droit dans les yeux. « Les gens sauront que vous m'avez tué. Tout le monde m'a vu quitter le village avec vous. »

L'inspecteur principal Donkor éclata de rire. « Est-ce que j'ai l'air si stupide que ça ? Je ne serais pas arrivé là où je suis si je n'avais pas appris à brouiller les pistes. Oui, je suis parti avec vous, mais on ne retrouvera pas votre corps avant plusieurs jours. » Donkor baissa le canon de son arme et sourit. « Vous venez de résoudre une grosse affaire de meurtre, votre photo est dans le journal – première page ; n'importe qui peut vous reconnaître, vous êtes une cible, et les assassins sont dans la nature… Donc voilà, à vous de choisir. »

Kayo soutint le regard perforant de l'inspecteur principal, conscient du fait que, contre tout ce que sa formation lui avait inculqué, il était sur le point d'agir en suivant son instinct plutôt que sa raison. « Allez-y, tirez-moi dessus. » Il tourna les talons et marcha vers la masse ombreuse de la forêt, par-delà la clairière. La dernière chose qu'il vit lorsqu'il se retourna fut Donkor qui levait son pistolet pour le mettre en joue.

Eï, les choses étonnantes ne cesseront jamais. Les gens disent qu'il n'y a rien d'autre que ce qu'on voit, mais il est vrai aussi qu'il n'y a rien d'autre que ce qu'on ne voit pas. Donc, j'étais assis sur ce même bois d'arbre que le feu du ciel a jeté par terre le jour où Kofi Atta a frappé Akosua, et le *diplômé,* ce garçon Kwadwo qui reste maintenant avec nous pendant trois jours chaque semaine pour faire notre *docteur* (je pense qu'il a débuté son initiation auprès de Oduro aussi), il m'a appris que le chef *policeman* a tenté de tirer avec son pistolet sur lui.

Donc j'ai demandé, Ça là c'est la vérité ? Il a tenté de tirer avec son pistolet sur toi ?

Et Kwadwo a dit, Eeeh ! Il a pointé vers moi et il a pressé la *détente,* mais je pense que l'autre *policeman* là, Mintah, il avait enlevé les *balles* avant.

Hmm, est-ce que vous pouvez croire si je vous dis que le Mintah en question, celui qui a enlevé les *balles*, c'est lui-même qui a pris l'argent chez Kwadwo pour aller donner à la mère de Kwadwo ? C'est pourquoi nos Aînés disent toujours, sɛbi, le mal n'habite pas seul dans la concession ; le bien aussi habite avec lui dedans.

Mais le chef *policeman* là, il fait les embêtements seulement ; quand tu le regardes comme ça, tu vas croire qu'il est gentil, mais lui-même riait quand il essayait de tirer avec son pistolet sur Kwadwo. Il a insulté le garçon de *têtu* et il a dit que c'était son jour de *chance,* mais il serait de retour pour l'attraper prochainement. Et Kwadwo restait assis en train de rire quand il me racontait la chose. Ces jeunes là !

Par la grâce généreuse du grand Onyame, Kwadwo a trouvé son chemin dans la forêt pour revenir. (Moi-même je lui ai dit qu'il serait un bon chasseur, non ? Ah, comme je dis toujours, dans ce pays qui est le nôtre, si tu sais voyager par la forêt ou par l'eau, personne ne peut te voir.)

En tout cas. J'ai dit à Kwadwo, C'est pourquoi il faut bien regarder quand tu es avec les gens, parce que tu ne peux pas savoir quelle histoire eux-mêmes ils ont. Il est dit que ce qui arrive à une femme pour qu'un enfant commence à exister dans ses entrailles – ah, sɛbi, pas ce qu'on fait sur la natte, mais ce qui arrive après ! –, c'est un mystère pour tous les hommes. Mais, mon ami (c'est ça que moi-même j'ai dit), ce qui arrive après la naissance, je te dis, c'est un mystère plus grand encore. Une chose que personne ne va utiliser comme un cordon ombilical qu'on n'a pas enterré, ça peut changer toute l'histoire.

J'ai demandé à Kwadwo, Est-ce que je t'ai même raconté l'histoire de notre ami Gawana de *Kenya* ?

Mais Kwadwo a dit, Opanyin, je ne veux pas une nouvelle histoire. Je veux la fin de l'histoire que vous avez commencée ; l'histoire de Kofi Atta. Demain je retourne à Accra et Garba va me demander. Il fait tard déjà.

Eï, toi et ta jeune impatience là. Tu ne veux pas venir boire un peu avec moi ? Esi est là ooo. Je riais, parce que moi-même j'ai vu ses yeux qui se promènent sur elle paaa. Ce n'est pas pour rien que nous sommes des vieux. Nous voyons les choses.

Il a secoué sa tête. Non, racontez-moi l'histoire.

Et comme ça, avec l'ombre qui venait, et les chauves-souris au-dessus, assis sur ce même bois d'arbre, j'ai raconté.

Nos Sages disent toujours que, parfois, lorsque le mal commis est plus grand que nous, la justice doit quitter nos mains. Nous ne pouvons plus la porter et, dans notre effort pour la garder en haut, nous pouvons nous blesser nous-mêmes ou blesser ceux qui nous accompagnent. C'est pourquoi Oduro a dit que nous ne devions pas surveiller Mensisi ; les ancêtres avaient déjà maîtrisé l'affaire. Tu vois, c'est l'enfant de Mensisi la vraie punition, parce que dès qu'elle allait atteindre l'âge que sa mère avait quand elle-même a porté son premier, Kwaku Ananse devait commencer à perdre une année chaque jour. Et le dernier jour, il devait perdre ce qu'il utilisait pour faire mal aux autres – les os, la dureté. Tout ça là signifiait que dix-neuf jours seraient suffisants pour que, sɛbi, la seule chose qui reste de lui soit de l'eau. Mais tu te souviens que j'ai dit aussi que son âme allait rester ? An-han ! Donc, ce qui était dedans, c'est que Kwaku Ananse n'allait pas devenir de l'eau ; c'est la honte qui devait le tuer, parce qu'il avait trop de fierté. Oduro a dit qu'une femme allait venir voir Kwaku Ananse lorsque tout le reste de lui serait chair rouge, couleur des indispositions d'une femme à chaque lune, et la honte que quelqu'un le voie comme ça là, c'est ça qui devait le tuer. Après, personne ne devait voir Kwaku Ananse pendant trois jours, et ensuite nous pouvions brûler son reste.

Hmm. C'est vrai que, parce qu'une fille dans sa jupe petit petit comme ça et ses jambes maigres, sɛbi, parce que la fille là connaissait certaines personnes, *police* est venue ici avec ses fusils avant même que trois jours arrivent, et donc les choses ne pouvaient pas se passer précisément comme Oduro a dit. Mais si tout s'était passé comme il a dit, toi-même tu sais que je ne serais pas ici, assis sur cet arbre que le feu du ciel a jeté par terre, en train de te raconter cette histoire. Donc nous devons accepter aussi que les ancêtres avaient leur projet. Et ce qui est important dedans, c'est que lorsque nous avons brûlé ce qui restait de Kwaku Ananse (toi-même tu étais là), ça sentait précisément comme notre féticheur a dit que ça devait sentir – doux, comme la justice.

nawɔtwe

les huit jours

kwasida

le jour de toutes les choses sous le soleil

dwowda

le jour de la tranquillité

benada

le jour de la naissance de l'océan

wukuda

le jour de la naissance de l'araignée

yawda

le jour de la naissance de la terre

fida

le jour de la fertilité

menada

le jour de la naissance du dieu suprême

kwasida

le jour de toutes les choses sous le soleil

À PROPOS DE LA TRADUCTRICE

Sika Fakambi a grandi à Ouidah, au Bénin. Elle est traductrice littéraire de fiction, théâtre et poésie, et a notamment contribué à faire découvrir, aux éditions Zulma, des auteurs comme Nii Ayikwei Parkes ou Igoni A. Barrett (*Love is Power, ou quelque chose comme ça*). Lauréate des Prix Baudelaire et Laure-Bataillon de la traduction en 2014 pour *Notre quelque part*, elle a également redonné tout son éclat au chef-d'œuvre de Zora Neale Hurston, *Mais leurs yeux dardaient sur dieu*, grâce à sa traduction inédite et virtuose.

DAVID TOSCANA

El último lector

Roman traduit de l'espagnol (Mexique)
par François-Michel Durazzo

Dans le petit village d'Icamole, au nord du Mexique, Remigio découvre au fond d'un puits le corps d'une fillette inconnue. Ce qui pourrait rester un simple fait divers devient matière à un océan de fictions et d'imbrications romanesques : car c'est à la lumière des romans qu'il lit avec autant de fureur que de délectation que Lucio, le bibliothécaire du village, mène l'enquête. Laquelle le conduit sur les traces d'Herlinda, sa femme disparue, qu'aucune lecture n'aura pu lui restituer.

Un roman jubilatoire et virtuose, qui emporte magistralement le lecteur.

« De page en page, on voit double, on voit triple, on voit magique. Certains ont l'alcool gai. Toscana a l'imagination heureuse. »

Le Nouvel Observateur

LEE SEUNG-U

La vie rêvée des plantes

Roman traduit du coréen
par Choi Mikyung et Jean-Noël Juttet

Contraint d'espionner sa propre mère pour un mystérieux commanditaire, Kihyon est confronté à d'obscurs secrets de famille. Par tous les moyens, il tente de réparer les blessures du passé, entre une mère au comportement étrange, un père réfugié dans la culture des plantes et un grand frère adoré et haï, amputé des deux jambes à l'armée. La folle passion de Kihyon pour l'ancienne petite amie de son frère n'arrange rien à la situation…

Lourde de silence et de résignation, de culpabilité et d'espoir insensé, sa confession nous plonge dans les formes les plus crues et les plus élevées de l'amour.

« Un imaginaire riche et capiteux qui rend à l'amour sa dimension mythique. »

Le Figaro littéraire

LEO PERUTZ

Le Maître du Jugement dernier

Roman traduit de l'allemand
par Jean-Claude Capèle

Vienne, 1909. Au cours d'un récital dans un petit cercle de la bonne société, on découvre le corps sans vie du célèbre acteur Eugen Bischoff. Suicide ou meurtre maquillé ?

Et nous voilà pris dans un jeu diabolique, une enquête en forme de roman halluciné où sont abordés, avec une intuition aiguë des ressorts de l'inconscient et de la logique, les thèmes du dédoublement et de la violence autodestructrice. Un roman qui nous hante bien longtemps après l'avoir lu.

« Perutz nous prend par la main et nous conduit où il veut, sans nous laisser le temps de réfléchir, par la force de son talent. Après coup, seulement, on découvre, qui enveloppe tout le récit, l'ombre menaçante du Sphinx. »

Le Nouvel Observateur

ISMAIL KADARÉ

Qui a ramené Doruntine ?

Roman traduit de l'albanais
par Jusuf Vrioni

Par une nuit de brume, Doruntine se présente chez sa mère après trois ans d'absence. Son frère Konstantin l'aurait ramenée des lointaines contrées de Bohême où elle s'est mariée. Il en avait certes fait le serment, mais chacun sait qu'entre-temps il est mort à la guerre.

Sommé par les autorités d'élucider l'affaire pour mettre fin aux superstitions et aux plus folles rumeurs, le capitaine Stres soupçonne une imposture de haute volée. Il n'a qu'une obsession : retrouver le cavalier de Doruntine…

Au cœur de l'Albanie légendaire, entre croyances et fantasmes, mystère et rationalité, Kadaré transforme un mythe fondateur en une enquête palpitante.

« Ismail Kadaré a redonné au roman du XXe siècle le sens de l'épopée et des légendes. »

La Croix

BENJAMIN WOOD

Le Complexe d'Eden Bellwether

Roman traduit de l'anglais (Royaume-Uni)
par Renaud Morin

Cambridge, de nos jours. Au détour d'une allée du campus, Oscar est attiré par la puissance de l'orgue et des chants provenant de la chapelle de King's College. Subjugué malgré lui, il ne peut maîtriser un sentiment d'extase. Premier rouage de l'engrenage. Dans l'assemblée, une jeune femme capte son attention. Iris n'est autre que la sœur de l'organiste virtuose, Eden Bellwether, dont la passion exclusive pour la musique baroque s'accompagne d'étranges conceptions sur son usage hypnotique…

Un premier roman magistral sur les frontières du génie et de la folie, entre thriller et roman d'apprentissage.

« Un coup de maître. » *L'Express*

« Un livre diabolique, impossible à lâcher. »
Télérama

PRIX DU ROMAN FNAC

PRIX BAUDELAIRE DE LA TRADUCTION

RICARDO PIGLIA

Argent brûlé

Roman traduit de l'espagnol (Argentine)
par François-Michel Durazzo

Buenos Aires, mercredi 27 septembre 1965, 15 h 11. Une voiture lancée à toute allure bloque un convoi de fonds. Beretta au poing, Bébé Brignone et le Gaucho Dorda mitraillent le fourgon, s'emparent du magot et laissent trois flics à terre. La cavale commence, de planque en planque… jusque dans la souricière tendue à Montevideo par l'inspecteur Silva. Assiégée mais décidée à résister jusqu'au bout, l'improbable bande de forcenés défie en une nuit tous les jeux de pouvoir – et ses propres démons.

Argent brûlé élève le « casse du siècle » argentin au rang de mythe. Un roman halluciné, sur fond d'agitation péroniste et de corruption, aussi étourdissant qu'inoubliable.

« Piglia dézingue tout le monde dans ce roman noir qui tient aussi de la critique sociale et politique. »

Les Inrockuptibles

ZHANG YUERAN

Le Clou

Roman traduit du chinois
par Dominique Magny-Roux

La trentaine un peu cabossée, Li Jiaqi et Cheng Gong se retrouvent après des années sans nouvelles. Elle rentre de Pékin où elle était rédactrice de mode ; lui habite encore avec sa tante sur le campus de la Faculté de médecine. C'est là que tout a commencé. Parce que leurs grands-pères – l'un éminent chirurgien, l'autre directeur adjoint de l'hôpital universitaire – s'y sont côtoyés aux heures les plus sombres de la Révolution culturelle… En une fresque incroyablement vivante, peuplée de souvenirs d'enfance, de conflits familiaux et de révélations, ils se racontent leurs vies parallèles et avancent une à une les pièces manquantes du drame.

Zhang Yueran explore comme en apnée la vie de ces générations heurtées dans un roman unique, ultrasensible et très contemporain.

« Magistral. Ce livre est une déflagration. »
Le Nouveau Magazine littéraire

ABDELAZIZ BARAKA SAKIN

Le Messie du Darfour

Roman traduit de l'arabe (Soudan)
par Xavier Luffin

Avec son prénom d'homme et sa cicatrice à la joue, *terrible signe de beauté*, Abderahman est la fille de fortune de tante Kharifiyya, qui l'a recueillie en lui demandant de ne plus jamais parler de la guerre. De la guerre, pourtant, Abderahman sait tout, absolument tout.

C'est un jour de marché qu'elle rencontre Shikiri, enrôlé de force dans l'armée avec son ami Ibrahim. Ni une, ni deux, Abderahman en fait joyeusement son mari. Et lui demande de l'aider à se venger en tuant au moins dix janjawids.

Formidable épopée d'une amazone de circonstance dans un monde en plein chaos, *Le Messie du Darfour* est une histoire d'aventure et de guerre, une histoire d'amitié et de vengeance qui donne la part belle à l'humour et à la magie du roman.

« Une superbe et provocante désinvolture. »
Le Monde des Livres

PRIX LITTÉRATURE-MONDE
PRIX DU LIVRE ENGAGÉ DE LA CÈNE LITTÉRAIRE
PRIX DU LIVRE D'HUMOUR DE RÉSISTANCE

BOUBACAR BORIS DIOP

Murambi, le livre des ossements

Roman

Construit comme une enquête, avec une extraordinaire lucidité, le roman de Boubacar Boris Diop nous éclaire sur l'ultime génocide du XXe siècle. Avant, pendant et après, ses personnages se croisent et se racontent. Jessica, la miraculée qui sait et répond du fond de son engagement de résistante ; Faustin Gasana, membre des milices du Hutu Power ; le lumineux Siméon Habineza et son frère, le docteur Karekezi ; le colonel Perrin, officier de l'armée française ; Cornelius enfin qui, de retour au Rwanda après de longues années d'exil, plonge aux racines d'une histoire personnelle tragiquement liée à celle de son peuple.

« Ce roman est un miracle. »

Toni Morrison

HUBERT HADDAD

La Condition magique

Roman

Un richissime industriel suédois, mégalomane et collectionneur d'automates, organise une extravagante expédition vers les sommets himalayens dans l'unique espoir de redonner vie à une épouse disparue sous les glaces vingt ans auparavant. Mais ce qui se joue – ou se déjoue – sur le toit du monde, c'est avant tout une quête d'absolu : pour leur fille Marghrète, proie trop facile d'une secte ordinaire ; Hiel, en deuil halluciné d'un frère alpiniste ; ou encore Desargues, spécialiste de Descartes et universitaire désabusé.

Foisonnant et vertigineux, *La Condition magique* est un roman philosophe où la raison triomphante nous emmène au bord du gouffre.

« Cette *Condition magique*, qui n'a rien à voir avec la potion, est un roman de vertiges et de glaces, de folie et de fantômes. Ça décoiffe quelque peu ! »

Le Canard enchaîné

MARCUS MALTE

Garden of love

Roman

Troublant, diabolique même, ce manuscrit qu'Alexandre Astrid reçoit par la poste. Le titre : *Garden of love*. L'auteur : anonyme. Une provocation pour ce flic à la dérive. Il comprend vite que ce qu'il lit, c'est une version de sa propre vie, totalement dévoyée. Il est soudain renvoyé à ses fantômes, à ses plus douloureux et violents vertiges. Et s'ouvre alors un cruel jeu de manipulations, aussi subtil que pervers.

Comme dans un impitoyable palais des glaces où s'affronteraient passé et présent, raison et folie, *Garden of love* est un roman palpitant, virtuose, peuplé de voix intimes qui susurrent à l'oreille confidences et mensonges, tentations et remords. Un redoutable piège.

« Éblouissant. » *Télérama*

Couverture créée par David Pearson ¶ Texte composé et mis en page par les Ateliers Graphiques de l'Ardoisière à Sendets ¶ Reproduit et achevé d'imprimer en janvier 2023 par Normandie Roto Impression s.a.s. à Lonrai pour le compte des éditions Zulma à Veules-les-Roses ¶ ISBN : 978-2-84304-963-7 ¶ ISSN : 2267-1803 ¶ Dépôt légal : février 2023 ¶ N° d'imprimeur : 2300078 ¶ Imprimé en France ¶